Grau 1
da Maçonaria

Aprendiz Maçom

Edil Eduardo Pereira

Grau 1 da Maçonaria

Aprendiz Maçom

© 2025, Madras Editora Ltda.

Editor:
Wagner Veneziani Costa (*in memoriam*)

Produção e Capa:
Equipe Técnica Madras

Revisão:
Ana Paula Luccisano
Neuza Rosa

**Dados Internacionais de Catalogação na Publicação
(CIP)(Câmara Brasileira do Livro, SP, Brasil)**

Pereira, Edil Eduardo
   Grau 1 da maçonaria: aprendiz maçom/Edil Eduardo Pereira.
– São Paulo: Madras, 2025.
   Bibliografia.
   ISBN 978-65-5620-042-2

   1. Maçonaria 2. Maçonaria – Rituais 3. Maçonaria – Simbolismo I. Título.

   22-106675   CDD-366.12

      Índices para catálogo sistemático:
      1. Maçonaria: Simbolismo do Primeiro Grau:
      Aprendiz: Rituais: Sociedades secretas
      366.12
      Cibele Maria Dias – Bibliotecária – CRB-8/9427

É proibida a reprodução total ou parcial desta obra, de qualquer forma ou por qualquer meio eletrônico, mecânico, inclusive por meio de processos xerográficos, incluindo ainda o uso da internet, sem a permissão expressa da Madras Editora, na pessoa de seu editor (Lei nº 9.610, de 19/2/1998).

Todos os direitos desta edição reservados pela

MADRAS EDITORA LTDA.
Rua Paulo Gonçalves, 88 – Santana
CEP: 02403-020 – São Paulo/SP
Tel.: (11) 2281-5555 – (11) 98128-7754
www.madras.com.br

Índice

Introdução 9
1. Origem e Tema 11
2. Lenda 12
3. Filosofia 13
    Leitura do Livro da Lei 13
    Comentário 13
4. Resumo 19
    O Trabalho do Aprendiz 19
5. Comentário 23
6. Painel do Grau 27
    Painel do Grau do Aprendiz 38
7. Ritualística do Grau 39
    Iniciação 39
    Câmara de Reflexão 39
8. Primeira Instrução do Grau de Aprendiz 45
    A Arte Real 46
    A Pedra Bruta 48
    Os Instrumentos e Utensílios do Aprendiz 49
        A Régua 49
        O Cinzel 50
        O Maço 51
    Os Vícios do Profano 54
    A Pedra Polida 56
    Os Meios de Reconhecimento 56
    A Tarefa Concluída 58

9. Segunda Instrução de Aprendiz Maçom 61
    O Painel da Loja 61
    A Orla Dentada 62
    As Virtudes Cardeais 62
        A Temperança 62
        A Justiça 63
        A Coragem 63
        A Prudência 63
    A Abóboda Celeste 64
    O Sol 65
    A Lua 65
    As Estrelas 65
    O Pavimento de Mosaico 66
    As Três Colunas 66
    As Joias Móveis e Fixas 68
        O Esquadro 68
        O Nível 68
        O Prumo 69
    A Pedra Bruta e Polida 69
    A Régua 70
    O Livro da Lei 71
    O Círculo com um Ponto no Centro 71
    A Escada de Jacó 73
    As Virtudes Teologais 74
    A Estrela de Sete Pontas 78
10. Terceira Instrução do Grau de Aprendiz Maçom 79
    A Iniciação 79
    As Virtudes do Maçom 79
    As Provas 82
    As Viagens 84
11. Quarta Instrução de Aprendiz Maçom 89
    A Maçonaria 89
    Os Deveres do Maçom 89
    O Juramento 92
    As Colunas do Templo 96
    O Meio-Dia 98
    Zoroastro ....

12. Quinta Instrução do Grau de Aprendiz 103
    A Loja 103
    A Superstição 103
    A Ignorância 104
    O Fanatismo 105
    A Tolerância 105
    A Fraternidade 106
    A Solidariedade 106
13. Sexta Instrução de Aprendiz Maçom 107
    Reconhecimento 107
    A Palavra Sagrada 108
    O Avental 109
    A Loja Regular 112
    A Pedra Bruta 116
    A Pedra Polida 116
    O Esquadro 116
    O Compasso 117
    O Maço 117
    O Cinzel 117
    O Sol 117
    A Lua 118
    O Pavimento de Mosaico 118
    O Prumo 119
    O Nível 119
14. Sétima Instrução do Grau de Aprendiz 121
    Números 121
    Número Um 124
    Número Dois 127
    Número Três 130
        Tríades na Religião 137
    Número Quatro 138
15. O Avental e o Colar 141
16. As Cores do Grau de Aprendiz 143
17. Símbolos do Grau 148
18. As Palavras e os Números 149
    Palavras 149
    Números 158
Bibliografia 159

Introdução

A Maçonaria é uma Ordem Universal, formada por homens de todas as raças, credos e nacionalidades, acolhidos por iniciação e congregados em Lojas, nas quais, por métodos ou meios racionais, auxiliados por símbolos e alegorias, estudam e trabalham para a construção da Sociedade Humana. É fundada no Amor Fraternal, na esperança de que, com Amor a Deus, à Pátria, à Família e ao Próximo, com Tolerância, Virtude e Sabedoria; com a constante livre investigação da Verdade, com o progresso do Conhecimento Humano, das Ciências e das Artes, sob a tríade – Liberdade, Igualdade e Fraternidade – dentro dos princípios da Razão e da Justiça, o mundo alcance a Felicidade Geral e a Paz Universal.

O dicionário *Houaiss* define rito como conjunto das cerimônias e das regras cerimoniais que usualmente se pratica em uma religião, em uma seita, etc. Para a Maçonaria, é o conjunto de regras de uma cerimônia em que se comunicam os Graus secretos da Maçonaria.

Na Maçonaria, que conta com algumas dezenas de Ritos, se entende como tal o conjunto de regras, segundo as quais se praticam as cerimônias e se comunicam Graus, Sinais, Toques, Palavras e todas as demais instruções secretas daí decorrentes.

Dentre os ritos adotados pelas Potências Maçônicas, quatro são os mais praticados em todo o mundo, por isso são tidos como universais: 1. Rito Simbólico; 2. Rito de York ou Moderno; 3. Rito de Schröder; 4. Rito Escocês Antigo e Aceito. No Brasil predomina o Rito Escocês Antigo e Aceito, que consta de 33 Graus, divididos em sete classes. Os três primeiros: Aprendiz, Companheiro e Mestre, podem ser conferidos pelas Lojas Simbólicas.

1. Origem e Tema

O nome Aprendiz é a denominação do Primeiro Grau da Maçonaria Simbólica, comum em todos os sistemas e ritos. Corresponde ao primeiro estágio preparatório para a Iniciação Oriental, ali chamado Provação; ao de Aspirante de Tebas e de Elêusis, ao Soldado de Mitras, ao Catecúmeno, ou período purgativo da ascese cristã.

Emprestada das antigas corporações obreiras de construtores, em que o Aprendiz ocupava também o Grau mais inferior, ou inicial, no Simbolismo Maçônico representa o homem em sua primeira infância humana e espiritual. Seus olhos são ainda demasiados fracos para contemplar diretamente o esplendor e brilho do Sol, por isso na Loja está sentado a nordeste ou setentrião; veste o avental branco, cingindo à sua cintura com a abeta triangular levantada, significando que sua natureza superior, representada pelo triângulo, não se apossou ainda da inferior, simbolizada pelo quadrilátero.

2. Lenda

Um dos *Landmarks* da Maçonaria define que a Lenda do Terceiro Grau é a de Hiram Abiff, obrigatória e permanente.

No Painel da Loja de Aprendiz, entre outros símbolos, observamos a Escada de Jacó como alegoria do caminho do Aprendiz, ou seja, a evolução do Maçom.

A Escada de Jacó foi extraída do Sonho de Jacó, do livro Gênesis da Bíblia, um fato relatado na história do povo hebreu, que deu origem a Israel, pois, com os seus 12 filhos, formou-se as 12 Tribos de Israel.

Eis o relato bíblico (Gênesis, 28, vv. 10 a 22) – o Sonho de Jacó em Betel: "Jacó saiu de Berseba a fim de ir para Harã. De tardinha ele chegou a um lugar sagrado e passou a noite ali. Pegou uma pedra daquele lugar para servir como travesseiro e se deitou ali mesmo para dormir. Então Jacó sonhou. Ele viu uma escada que ia da terra ao céu, e os anjos de Deus subiam e desciam por ela". O Senhor Deus estava ao lado dele e disse: "Os seus descendentes serão tantos como o pó da terra. Eles se espalharão de norte a sul e de leste a oeste, e por meio de você e dos seus descendentes eu abençoarei todos os povos do mundo. Eu estarei com você e protegerei em todos os lugares aonde você for. E farei com que você volte para esta terra. Eu não o abandonarei até que cumpra tudo o que lhe prometi".

Quando Jacó acordou, disse assim: "De fato, o Senhor Deus está neste lugar, e eu não sabia disso". Aí ficou com medo e falou: "Este lugar dá medo na gente. Aqui é a casa de Deus, aqui fica a porta do céu".

3. Filosofia

Este Grau se aplica ao desenvolvimento da Maçonaria, ao estudo de suas leis, seus mistérios, usos e costumes; por isso trabalha simbolicamente no desbaste da pedra bruta, do meio-dia à meia-noite, e recebe seus salários na Coluna B.

Este Primeiro Grau ensina a moral, explica alguns símbolos, indica a passagem da barbárie para a civilização; é a primeira parte histórica da iniciação; ele leva o neófito à admiração e ao reconhecimento para com o Grande Arquiteto do Universo, ao estudo de si mesmo e de seus deveres para com seus semelhantes; dá a conhecer os princípios fundamentais da Maçonaria, suas leis, seus costumes e dispõe o neófito à filantropia, à virtude e ao estudo.

Leitura do Livro da Lei

(Salmos, 133, vv. 1 a 3) – "Oh! Como é bom e agradável estarem os Irmãos reunidos. É como o óleo precioso na cabeça, que desce para a barba de Arão, que desce para a orla de suas vestes; Como o orvalho do Hermom, que desce da montanha do Sião, porque o Senhor ordena a bênção e a vida para sempre".

Comentário

1. SALMOS

A presença do Livro da Lei é obrigatória sobre o Altar dos Juramentos, que deverá ser o livro considerado pela religião dominante no país contendo a vontade revelada do Grande Arquiteto do Universo. Desse modo, o Livro da Lei pode ser a Bíblia contendo o Antigo e o Novo Testamento para os cristãos; o Antigo Testamento para os judeus; o Alcorão para os muçulmanos; os *Vedas* para os bramanistas; o *Zend-Avesta* para os persas ou qualquer livro sagrado de outras religiões nas condições exigidas. O Livro da Lei é o símbolo da Lei Moral que cada Maçom deve respeitar e seguir. Representa a Filosofia que cada um adota, ou a Fé que anima e governa os homens. Sem a presença do Livro da Lei, indispensável nas reuniões maçônicas, a Loja não seria justa nem regular. O Livro da Lei guia o Maçom para a Verdade, conduz os seus passos para a felicidade, indicando-lhe todos os deveres a que o homem está obrigado.

O Livro da Lei é a Grande Luz da Maçonaria. Fechá-lo seria interceptar os raios da luz divina que dele emanam; estando aberto, indica que a Loja não está nas trevas, mas sob a influência de um Poder Iluminativo.

Entretanto, o Livro da Lei não está aberto a esmo. Há, para cada Grau, passagens alusivas à finalidade do Grau ou a algum trecho do seu Ritual, por isso o Livro deve estar aberto naquele trecho.

A obrigatoriedade da presença do Livro da Lei sobre o Altar dos Juramentos durante os trabalhos de uma oficina é determinada pelo vigésimo primeiro *Landmark*. Por *Landmark* entendemos os princípios fundamentais da Maçonaria, os quais são inalteráveis e irrevogáveis.

No Primeiro Grau – GRAU DE APRENDIZ MAÇOM –, o Livro da Lei, que no nosso caso é a Bíblia, deverá ser aberto no Salmo 133, e feita a sua leitura na abertura dos trabalhos de uma Sessão Maçônica. Os Salmos são poemas sagrados que foram compostos por vários autores, entre os quais o mais importante é o Rei Davi, pai de Salomão, que foi notável talento poético e musical. Os Salmos constituem-se em uma coleção de 150 poemas que formam o Livro dos Salmos. A coleção desses hinos, chamada, por analogia, Saltério, nas Bíblias hebraicas divide-se em cinco livros separados entre si pela compreensão superficial ou aclamação, que se lê no final dos Salmos. Os Salmos atribuídos a Davi são na máxima parte petições de auxílio em todas as aflições, de modo especial nas enfermidades e nas perseguições. Por ser o Salmo um poema sagrado, expressa por meio de sua simbologia literária certas verdades que nem sempre são diretamente identificáveis pela análise do texto. Cada Salmo encerra em si propriedades que, quando devidamente empregas, tornam-se elementos curativos para a alma humana; uma espécie de medicina espiritual que transforma os males morais em virtudes excelsas. A maioria dos Salmos traz no início um título ou denominação que pode variar muito em extensão e teor. Contém uma ou mais das seguintes notícias: o autor, o gênero poético, a ária ou acompanhamento musical, o uso litúrgico e a circunstância histórica.

No tocante aos autores, por acordo unânime de códices e versões antigas, a Davi são atribuídos cerca de 70 Salmos, isto é, quase metade da coleção.

Na abertura dos trabalhos maçônicos do Grau de Aprendiz, o texto tem papel de transcendental importância, marcando o início ritualístico dos trabalhos. O leitor, ex-Venerável ou Orador, tal qual o Sacerdote do Templo invoca, por meio das palavras do salmista, a presença do Grande Arquiteto do Universo para iluminar os trabalhos, transmitindo-os aos presentes. Para cada palavra da língua hebraica havia um significado e um sentido que exprimia as diversas necessidades espirituais, éticas, morais e históricas da nação judaica. E o povo de Israel conseguiu unir-se e vencer todas as vicissitudes peculiares a um povo perseguido e odiado pelas demais nações consideradas politeístas. Mas proclamava a crença em um Único Deus, a quem adorava e servia.

A Maçonaria tem uma filosofia abrangente e espiritualizante. Incontestavelmente, perdura e atravessa os milênios, porque mantém os seus princípios sagrados de uma divindade una e indivisível. Por isso, a Maçonaria exige que sejam iniciados em seus mistérios aqueles que, reconhecendo a existência do Grande Arquiteto do Universo, possam compreender os deveres sociais, tenham uma reputação de honra ilibada e de probidade incontestada. E os seus ensinamentos induzem seus adeptos a se dedicaram à felicidade de seus semelhantes pelo sentimento de solidariedade, que é a qualidade inata que os fez filhos do Universo e amigos de todos os homens, como meio de ampliar as suas faculdades morais e espirituais. O Salmo 133 consagra o puro e verdadeiro amor fraternal, essência para a construção dos novos tempos. Esse Salmo faz parte dos chamados "Salmos de Celebração da Vida (Festas)".

A leitura do Salmo 133, no Grau de Aprendiz Maçom, é uma mensagem universal e serve para qualquer FRATERNIDADE:

2. "OH! COMO É BOM E AGRADÁVEL ESTAREM OS IRMÃOS REUNIDOS".

A história religiosa explica a frase: "simboliza a alegria de ver alguns irmãos morar concordante na casa paterna, da qual nenhum deles desejou apartar-se". A fraternidade mencionada no primeiro versículo é comparada com o óleo precioso. O salmista não pode deixar de felicitá-los e prometer-lhes a bênção divina. Refere-se ao fato de que as tribos de Israel se reuniam em Jerusalém três vezes por ano, para as festividades, evidentemente, sempre com o cunho de religiosidade, quando tinham elas oportunidades de morarem juntas em união. Ocasião em que se constituíam em uma só família de Irmãos, pois as referidas reuniões exerciam influências muito salutares, de perfeita confraternização e de troca de ideias. Viver em união, como Irmãos, é a superação de todos os males. É sinônimo da máxima virtude humana. A felicidade da vida em união é comparada nos outros versículos com dois planos: o Espiritual e o Material.

É um breve e idílico encômio do amor, que une as almas dos concidadãos e os irmana. Parece estar em relação com os esforços feitos por Neemias para repovoar Jerusalém.

O amor, o convívio e a concordância fraternal entre os homens têm sido as principais metas do trabalho dos Mestres da Sabedoria ao longo de várias épocas. Nesta primeira parte do cântico, expressa-se de forma simples e objetiva a EXALTAÇÃO DA FRATERNIDADE.

3. "É COMO O ÓLEO PRECIOSO NA CABEÇA, QUE DESCE PARA A BARBA DE ARÃO, QUE DESCE PARA A ORLA DE SUAS VESTES".

O salmista compara a convivência fraternal com o óleo precioso derramado sobre a cabeça de Arão, como se fazia na consagração de sacerdotes, que Moisés realizou, tornando-o sacerdote de Deus. Arão, o Levita, Irmão de Miriam, é o porta-voz de Moisés, foi o primeiro Sumo Sacerdote, atuou como taumaturgo e ajudou-o na luta contra os amalequitas. No Monte Sinai, Javé defendeu-o, confirmando pelo Milagre da Vara Florida. Foi designado por Deus para secundar Moisés na libertação dos hebreus do julgo egípcio, sendo declarado e consagrado Grande Pontífice. Arão permaneceu para sempre como Sumo Sacerdote por excelência, o intercessor admirável que afastou a Ira Divina. A unção tornava o sacerdote santificado para exercer o ministério, como também todos os objetos que fossem ungidos com o óleo sagrado.

O seu amor fraternal é semelhante ao precioso e perfumado óleo da alegria com que os orientais costumavam urgir a cabeça em tempos de felicidade. Tal óleo composto de mirra, cinamomo, cana cheirosa, cássia e azeite de oliva era derramado sobre a cabeça, perfumando com seus aromas a barba e chegando à orla das vestes, fazendo o sacerdote um veículo da palavra de Deus. O óleo, o bálsamo como perfume são elementos que propiciam a manifestação de virtudes superiores. Era como se o bom óleo permeasse tudo, como descreve o salmista: quando existe entre os cristãos ou quaisquer outros Irmãos, em grupos de crentes, a necessária e verdadeira união fraternal, não há alterações, pois a ninguém cabe criar atestas, as quais, caso surjam, devem ser amenizadas, desfeitas e aplainadas. A União deve ser, e mesmo ter de ser, sempre agradável, boa e salutar. É comparar "Viver em união" como ter Arão como sacerdote, em íntimo contato com o Senhor, interpretando nossas dores e alegrias e oferecendo os sacrifícios. É o que dissemos do plano espiritual, simbolizado pelo óleo sobre a cabeça ungindo Arão, que permite o homem alcançar o seu Eu superior. Unidos pelo vínculo da amizade fraterna, preocupam-se ativamente uns com os outros, não procurando nenhum desfazer de ninguém, mas manter uma sã e cativante camaradagem, como não poderia deixar de ser.

4. "COMO O ORVALHO DO HERMOM, QUE DESCE DA MONTANHA DE SIÃO".

A união de todos traz prazer e deleite e nunca constrangimento. Morar juntos em união é como o orvalho do Hermom, que é a montanha mais alta da cordilheira da Judeia, cujo cume permanece coberto de neve o ano todo. A neve, como o orvalho, alimenta de água a cidade de Jerusalém. Assim, o Amor Fraternal é semelhante ao precioso e perfumado Óleo da Alegria, que é comparado ao orvalho que desce dos cumes sempre nevados do Hermom, sendo a única umidade que, durante todo o ano, alimenta a vegetação dos áridos campos desprovidos de fontes. O Monte Sião constitui uma região mais elevada da parte nordeste da cidade, essa umidade abundante produz a névoa noturna que preserva a vegetação na estiagem. Dele nasce o sistema hidrográfico que alimenta as terras sedentas para produzirem. O cume nevado condensa a névoa noturna e, assim, produz orvalho abundante que preserva a vegetação durante o longo período de estio. Correntes de ar, assim refrescadas, vindas da Cordilheira de Hermom, levam o frescor e a umidade às encostas, como chuva, produzindo ótimos efeitos sobre a vegetação. Tudo isso podemos simbolizar como a cadeia de união realizada com o espírito da perfeita comunhão, como o óleo sobre a cabeça (representada pelo Venerável) e sobre a barba (simbolizada pelos Irmãos), como a sublime das manifestações espirituais do momento da transmissão da palavra sagrada.

5. "PORQUE O SENHOR ORDENA A BÊNÇÃO E A VIDA PARA SEMPRE".

A descida do orvalho ao cair dos céus vem alimentar os homens da terra. Como bênção ordenada por Jeová, a neve do Hermom alimenta o Rio Jordão que deságua no Mar Morto, mantendo a vida para sempre. É necessária a meditação da mensagem para que o Aprendiz, pela sua força espiritual, irradie a chama interior de cada um, e ilumine a alma que deseja alcançar plena força e vigor espirituais para vencer as paixões e fraquezas humanas.

O dia de nossas reuniões deve ser ansiosamente esperado e nunca com a preocupação apenas de cumprir uma obrigação de presença, mas para confraternização, com amizade e alegria, para se assemelhar à fragrância do óleo de unção e ao orvalho refrescante e revitalizador do Monte do Hermom, nessas brilhantes palavras de Davi. A bênção é concebida como comunicação da vida por parte do Senhor. Com a vida vêm o vigor, a força e o êxito, que trazem a paz da mente e a paz com o mundo. Simboliza que a União dos Irmãos em Harmonia terá a graça e o favor de Deus, a proteção do Grande Arquiteto do Universo para sempre. A bênção e a vida eterna são, sem dúvida, o prêmio dado a todo cristão, porém aos Maçons, além desse significado, quer indicar a preparação para o Senhor ocupar o nosso Templo Interior.

4. Resumo

O Trabalho do Aprendiz

O trabalho do Aprendiz é desbastar a Pedra Bruta, de tal maneira que adquira semelhança com a forma final a que se destina: eis aqui a tarefa simbólica a que deve se dedicar todo Aprendiz para chegar a ser o obreiro que possua inteiramente a Arte.

Nesse trabalho simbólico, o Aprendiz é ao mesmo tempo obreiro, matéria-prima e instrumento. Ele é a Pedra Bruta emblemática do seu atual e ainda imperfeito grau de desenvolvimento, razão pela qual haverá de lhe dar a forma ou o aprimoramento interior, que se encontra em estado latente no meio dessa manifesta imperfeição e, desse modo, possa ocupar posteriormente o lugar que lhe corresponde no edifício para o qual está destinado.

Conscientes de que a perfeição é infinita e inacessível no seu estado absoluto, somente poderemos aproximar-nos da perfeição ideal para nós concebida a partir do estado e nível de progresso em que nos encontramos na atualidade.

O progresso do Aprendiz evolui por meio de sucessivos Graus de Aperfeiçoamento, de tal modo que o reconhecimento da nossa própria imperfeição, por um lado (a Pedra Bruta), e o ideal que desejamos alcançar, por outro, são as primeiras e indispensáveis condições para que o trabalho possa ser realizado.

O trabalho consiste em despojar a pedra das suas asperezas, ao mostrar e colocar em evidência a superfície das faces da pedra que se encontram ocultas pelo seu estado rústico e, assim, trabalhar para retificar essas faces, polindo suas superfícies, retirando-lhes as protuberâncias que prejudicam a forma harmoniosa que delas é preciso conseguir.

É importante saber que não se trata de trabalhar a pedra de maneira a adquirir a forma de um modelo existente, ainda que isso possa servir de inspiração, mas, antes de tudo, o modelo de perfeição ideal deverá ser procurado no interior que forma a estrutura da própria pedra, de cuja natureza e foro íntimo haverá de se manifestar ou ser extraída do modo apropriado que idealmente configura cada pedra. Trata-se de reconhecer e manifestar a perfeição vinda do Ser Íntimo, da Ideia Divina que reside em cada um de nós. É o conhecer a si mesmo.

A execução do trabalho sobre a pedra que historicamente representa o primeiro trabalho humano necessita, para ser perfeita, de três instrumentos característicos, que são: o **Maço**, o **Cinzel** e o **Esquadro**.

O **Maço** e o **Cinzel**, instrumentos propriamente ativos, representam os esforços que, por meio da vontade e da inteligência, precisamos fazer para chegar à realização efetiva dos ideais desejados.

O **Maço**, ao utilizar a força da gravidade de nossa natureza subconsciente, dos nossos instintos, hábitos e tendências, é, pois, emblemático da Vontade, constitui a primeira condição de todo e qualquer progresso e, ao mesmo tempo, o meio indispensável à sua realização.

Para fazer e poder fazer, a vontade há de surgir como força primária, a partir da qual possa o Aprendiz usar todas as forças e, portanto, aquela que a todos possa dominar, atrair e dirigir.

Entretanto, o Aprendiz deve controlar os excessos que possam conduzi-lo ao culto exagerado, à faculdade volitiva, tendo em vista que os efeitos dessa força podem se tornar destrutivos quando não aplicados ponderadamente por meio do discernimento necessário para que sua manifestação ocorra de forma harmônica.

Da mesma maneira que o **Maço** é empregado sem o Cinzel, que concentra e dirige sua força em harmonia como os propósitos da obra a ser executada, pode destruir, facilmente, a pedra em vez de lapidá-la até alcançar a forma ideal para o seu destino.

O propósito inteligente que deve dirigir a ação da vontade é o que representa justamente o Cinzel, instrumento complementar; a linha de ação do nosso potencial volitivo não é menos importante, uma vez que da sua justa aplicação, alumiada pela Sabedoria expressa na forma de discernimento e de visão ideal, dependem inteiramente a qualidade e a bondade intrínsecas ao resultado.

O **Esquadro** representa fundamentalmente a faculdade do juízo que permite comprovar a existência da retidão ou a sua falta, isso quer dizer que as faces da pedra que se pretende lavrar fiquem de tal forma para adequar toda pedra destinada à construção do edifício.

A ação do **Maço** e do **Cinzel**, para que seja considerada realmente maçônica, isto é, útil e benéfica para o propósito da evolução individual e cósmica, precisa ser constantemente avaliada e dirigida pelo esquadro da lei ou norma de retidão, uma vez que o seu ângulo reto representa para nós a retidão de nossa visão, colocando-nos em harmonia com os nossos semelhantes.

5. Comentário

O aperfeiçoamento de si mesmo é o trabalho essencial e fundamental do Aprendiz. É a evolução e o progresso na educação, no conhecimento e na conduta. É lutar contra os defeitos, erros, vícios e ilusões da personalidade, a máscara que esconde a nossa verdadeira natureza.

Essa tarefa de caminhar e reunir esforços em direção à Luz, ir à busca da Verdade e estabelecer no seu domínio o Reino da Virtude; libertar-se cada vez mais de todas as sombras que escurecem e impedem a manifestação da Luz Interior, que deve brilhar mais clara e intensamente, raiando e destruindo as trevas: esta é a nobre missão do Maçom.

O homem é a única espécie viva que mantém distância significativa de sua existência e de sua essência. Daí o problema fundamental: qual a finalidade da espécie humana?

A Ordem Maçônica traz ao Maçom a realidade da vida, a sua missão, o seu valor. A iniciação maçônica é um caminho, um processo ou método para levar o Maçom das trevas à luz. Opera na inteligência, apontando para o conhecimento e para a Verdade.

O Maçom, sendo a essência da Ordem Maçônica, é esse ser reconhecidamente imperfeito que busca a perfeição, até como fonte de compaixão; que mesmo imerso em trevas constantes, crê na luz; e, ainda que apequenado e fragilizado pelas adversidades, mantém a fé e a esperança no mundo, tangido pela fraternidade, igualdade, paz e harmonia.

A perfeição inatingível dentro dos limites humanos passa a ser o incentivo na condução do Maçom no seu caminho iniciativo, pautado pela elevação moral e pela racionalidade.

A moral aconselha a conservar a alma em estado de pureza; manda estimar os bens, lastimar os fracos, guiar os maus, sem odiar ninguém. No entanto, proclama que se fale sabiamente com os grandes, prudentemente com os iguais, sinceramente com os amigos, delicadamente com os pequenos e ternamente com os pobres; recomenda respeito às mulheres, condenando o abuso de suas fraquezas; afirma que a lisonja é uma traição, um veneno e que não se deve crer nos elogios sem motivos; que se deve fazer críticas honestas; que não se deve dar ouvidos a galanteios vazios e fáceis que poderão amolecer e iludir.

A Maçonaria propõe o cultivo da Sabedoria, da Liberdade e da Fraternidade. A Sabedoria visa distinguir o erro por si mesmo e concorrer, com isso, para o progresso. A Liberdade porque, sem ela, não há responsabilidade nem dignidade pessoal nem condições de afirmar a individualidade humana. E a Fraternidade para que, como força contínua, a Instituição possa seguir realizando o bem pelo próprio bem; isso é mais do que praticar o bem para evitar o mal.

A Fraternidade é resposta à ideia de acesso, penetrações e trilha para o conhecimento; é também manifestação de amor em que só há doação e entrega, nunca exigências.

Ao Aprendiz cabe esta tarefa primeira de conhecer a Fraternidade, cultivá-la, conduzi-la e distribuí-la incessantemente.

A Fraternidade é um conceito filosófico profundamente ligado às ideias de Liberdade e Igualdade. A ideia de Fraternidade estabelece que o homem, como animal político, fez uma escolha consciente pela vida em sociedade e, para tal, estabelece com seus semelhantes uma relação de igualdade, visto que em essência não há nada que hierarquicamente os diferencie: são como Irmãos (fraternos). A ideia de Fraternidade ou irmandade passou a existir como hipótese a partir da constatação de outra questão: o monoteísmo. Ora, se existe um único Pai Criador, conclui-se daí que todos os seus filhos são Irmãos.

Mas para existir uma Fraternidade são necessárias atitudes dos indivíduos que compõem a coletividade.

Assim, o Aprendiz, homem livre e de bons costumes, deve cavar masmorras para seus defeitos (pecados, maldade, vícios, vingança, egoísmo) e erguer Templos às virtudes (bondade, acertos, perdão, renúncia).

A Fraternidade maçônica, que deverá ser cultivada por todos, implica obrigações e direitos; a ética e o comportamento. São admitidas pequenas rusgas, como sucede dentro de uma família, mas com a obrigação de serem passageiras. O Maçom tem de tolerar esses incidentes e perdoar se eles tiverem sido mais intensos.

Fraternidade não será mais que um dever natural e pessoal de unir os homens, obedecendo aos princípios da Ordem.

A Fraternidade cria elos maçônicos, em si mesmo fortes, porque não sendo impostos pela sociedade nem pela família; no seu sentido hierárquico, deverão brotar livremente da ingenuidade e da pureza, livres de condicionamentos e exigências, surgir da União, do afeto, da amizade e do amor ao próximo, para almejar a Fraternidade Universal.

6. Painel do Grau

Chama-se **painel** um quadro de pano, oleado ou de outro material, no qual são pintados, gravados ou bordados as figuras e os utensílios usados para a instrução maçônica. É exposto depois de aberta a Sessão e fechado ao serem encerrados os trabalhos. Os ingleses denominam-no "Tábuas de Delinear", simbolizando a prancheta sobre a qual o Mestre traçava linhas e delineava desenhos.

Nas Lojas Primitivas, o Cobridor desenhava sobre o assoalho do local da reunião um paralelogramo e, dentro dele, alguns símbolos maçônicos que depois o Candidato devia apagar. Posteriormente, algumas Lojas aboliram esse método, adotando objetos de metal para representar os símbolos que colocavam no assoalho e sobre os quais eram expostas as instruções do Grau.

O Painel da Loja representa o caminho que o Maçom deve trilhar para atingir o ideal maçônico, a palavra perdida, o aperfeiçoamento moral para chegar ao Grau de Mestre. No Painel da Loja se resumem todos os símbolos que devem conhecer um aspirante à iniciação. Sem dúvida, representa o conjunto de símbolos e alegorias que em cada Grau o Maçom deve aprender e compreender.

O **Painel do Grau de Aprendiz** é como a Loja de forma quadrilonga; simbolicamente, seu comprimento é do Oriente ao Ocidente; sua largura, do Norte ao Sul, significando os pontos cardeais inscritos nos lados do Painel. A sua profundidade é da superfície ao centro da Terra, e sua altura da Terra (Pavimento) ao Céu (Abóbada Celeste). Isso significa a extensão da Loja, ou seja, a universalidade da Maçonaria e mostra, também, que a Caridade (Amor) do Maçom não tem limites, a não ser os determinados pela prudência.

O Painel de Aprendiz é circunscrito por uma **ORLA DENTADA**, que também aparece em todas as Lojas circundando o **Pavimento Mosaico**. Ela simboliza a união que deve existir entre todos os homens, particularmente, entre os Maçons e quando o amor fraternal dominar todas as nações e todos os corações. Mostra-nos o princípio de atração universal significando o amor e representando, da mesma forma, com os seus múltiplos dentes, os planetas que gravitam ao redor do Sol, os povos reunidos em torno de um chefe, os filhos unidos em volta do pai. Enfim, os Maçons reunidos em torno da Loja, cujos ensinamentos e moral aprendem para espalhá-los aos quatro cantos do Orbe. Simboliza os laços fraternais pelos quais todos os Maçons são unidos. É a fraternidade que une todos os Maçons, sendo assim uma reprodução material e permanente da Cadeia de União.

Em cada um dos cantos do Painel de Aprendiz, há quatro borlas (botões dos quais pendem fios em forma de campânula), significando as quatro virtudes cardeais: **TEMPERANÇA, JUSTIÇA, CORAGEM E PRUDÊNCIA**.

1. **TEMPERANÇA** é o estado ou qualidade de ser controlado. O indivíduo temperado é aquele que observa com moderação ou autocontrole, procurando evitar os extremos, em qualquer ação ou atitude. É considerada como virtude cardeal; a temperança só tem por objeto a moderação nos prazeres dos sentidos. Porém, de um ponto de vista mais geral, aparece sendo a regra, a medida e a condição de toda virtude. Sem ela, a prudência vira astúcia; a sabedoria carece de medida; a fortaleza excede-se em seu fim; e a própria justiça raia pela iniquidade. Os elementos da temperança são: a **Moderação** e a **Honestidade**. Os atos pelos quais se exerce a Temperança são aqueles que correspondem às virtudes da **continência**, reguladora das paixões violentas ligadas à sexualidade; de **humildade**, que modera os desejos de grandeza e as vãs esperanças; da **mansidão** e da **clemência**, que afastam os desejos de vingança; de **modéstia**, que regula o comportamento exterior.

2. **JUSTIÇA** consiste em uma vontade firme e constante de respeitar todos os direitos e de cumprir todos os deveres. Os elementos da Justiça resumem-se em evitar o mal e

fazer o bem. O primeiro tem por contrário a transgressão e o segundo, a omissão. A Justiça requer atos de retidão, não meras palavras ou aceitação de certos ideais. O homem justo age corretamente, de forma altruísta. A Justiça também consiste em conformidade com uma reta conduta. Os atos de virtude da Justiça correspondem aos diferentes deveres que a razão prescreve, seja para com Deus (virtude de religião), seja para com os pais e os superiores (piedade filial), seja para com o comum dos homens (justiça estrita). Esta compreende o respeito pelas pessoas (amor e amizade), pela verdade (veracidade), por promessas e contratos (fidelidade), a gratidão, a liberalidade e a equidade. A prática da lei do amor é a base de toda a Justiça.

3. **CORAGEM (FORTALEZA)** é a firmeza da alma contra tudo o que a molesta neste mundo. O homem corajoso é aquele que não recua diante de consequências adversas na realização de seu dever. É uma qualidade mental que leva o homem a enfrentar perigos ou oposições com intrepidez, calma, firmeza e propósito. Envolve **ousadia, bravura, arrojo, fortaleza, temeridade, resolução**. A coragem repousa sobre a integridade e a honestidade do indivíduo. É preciso coragem para alguém buscar a verdade, porque por todos os lados há forças que procuram fazer o homem conformar-se com algum sistema. A fortaleza resulta de quatro virtudes secundárias: a **magnanimidade**, a **magnificência**, a **paciência** e a **perseverança**. A magnanimidade concita aos grandes empreendimentos, não pelo proveito ou pela honra que podem trazer, mas em razão da sua excelência e a despeito das suas dificuldades. A magnificência compraz-se a realizar, sem recuar diante das maiores despesas, as grandes obras que a magnanimidade concebe. O mesmo não se dá com a paciência e com a perseverança, pelas quais o homem não se assusta nem com as penas ou tristezas, nem com as tardanças, nem com o trabalho. A perseverança vai sempre adiante e a paciência nunca recua.

4. **PRUDÊNCIA** é a reta noção daquilo que se deve fazer, já que ela é uma virtude da razão prática ordenada para

a direção da conduta. O seu objeto é o agir humano. Assim compreendida, a prudência, ao ter como fim primeiro tornar boa a vontade, é, portanto, essencialmente uma virtude da razão, pela qual o homem sabe o que é preciso fazer ou evitar. A prudência consiste no uso habilidoso do conhecimento, no exercício da sabedoria. Trata-se de um cuidado habitual de evitar erros e seguir o mais sábio curso de ação acerca de qualquer questão. Envolve um sábio estado mental ou espiritual que resulta em atos ditados pela sabedoria. A sabedoria é o conhecimento do todo, bem como a capacidade de aplicar esse conhecimento de forma correta e justa, em qualquer situação.

Assim, as **virtudes cardeais** são os centros em torno dos quais se ordenam todas as outras virtudes morais. Entretanto, essas virtudes devem estar no convívio de todos, principalmente dos Maçons, para que possam reunir condições de se aperfeiçoar e adquirir novos ensinamentos, procurando desbastar as deformações de seu caráter (Pedra Bruta).

Na parte superior do Painel de Aprendiz, verificamos a **ABÓBADA CELESTE**, com destaque para o Sol, a Lua e Sete Estrelas. Os simbolismos desses astros são ricos e bastante importantes para a compreensão do Grau.

O **Sol** é o símbolo da majestade, da religião, da vida, da luz intelectual. O **Sol** representa a potência de Deus. No Painel, o **Sol** é apresentado como uma face humana dentro de um **círculo** rodeado de raios retos e ondulados; trata-se de uma alegoria do passado, vinda de uma tradição histórica, recordando que houve tempos em que o homem o adorou como uma imagem e toda imagem, obviamente, possui características humanas. A radiação no **círculo** simboliza os seus efeitos; os raios retos equivalem à luz que se propaga retilineamente e o calor, por sua vez, se propaga em ondulações. É o reservatório central da vida, luz, amor, poder e sabedoria. O Sol é o centro do sistema planetário, simboliza as energias positivas, regentes do Cosmos, é o elemento masculino. O **Sol** é considerado a fonte de luz e o emblema da inspiração, da revelação, do conhecimento e do poder. Para o Maçom, o Sol representa a luz intelectual que está em constante procura e, também, a autoridade soberana e a Verdade Divina.

As **estrelas** simbolizam a Abóbada Celeste, significando a universalidade da Maçonaria, dando ao homem uma grande quietude e notável serenidade de espírito. Representam o firmamento celeste, as causas primeiras e a harmonia ativa de que se compõe o Universo. São o símbolo da universalidade da Maçonaria e de sua transcendência, porque o céu estrelado é sempre um convite à meditação favorecida pela quietude e pelo profundo silêncio que conduzem à paz e à tranquilidade do espírito.

Outro fato importante é a quantidade de estrelas, ou seja, o número, que são sete, o número sagrado de todos os símbolos, porque representa o poder mágico em toda a sua força, isto é, o espírito dominando a matéria. O número sete é o símbolo da Vida. Com o número sete, o iniciado domina as duas forças da alma e do mundo, afirma-se em sua trindade, reina sobre os quatro elementos, coroa-se no Pentagrama, equilibra-se com os dois triângulos, rege o desenvolvimento do homem e dos acontecimentos do mundo, material e moralmente. Simboliza também os planetas e o candelabro de sete velas de grande significação para a Maçonaria.

Na parte inferior do Painel, vemos o **Pavimento Mosaico**, que é um dos ornamentos da Loja, sendo constituído por ladrilhos alternadamente pretos e brancos, formando um verdadeiro tabuleiro de dama que tem um simbolismo muito extenso. Simboliza as classes, as opiniões e os sistemas religiosos que se confundem na Maçonaria, sendo o emblema da estreita união que deve existir entre todos os Maçons, apesar da diferença de nacionalidade, de temperamento, de raça e de ideias. Enquanto o ladrilho branco é o emblema da alma pura do iniciado, o preto é o dos vícios e das paixões a que está sujeito o profano. Representa, ainda, o bem e o mal, que está semeado no caminho da vida, e os contrastes apresentados pelas coisas do mundo: positivo e negativo; ativo e passivo; luz e trevas. Também indica o Espírito e a Matéria; a virtude e o vício, e proclama a fusão das raças e a unidade da espécie humana, suscetível de aperfeiçoamento, seja qual for a raça do indivíduo ou a sua origem.

O Pavimento Mosaico toma toda a superfície inferior do Painel e sobre ele repousam outros utensílios, como as três Colunas. As TRÊS COLUNAS mestras estão dispostas de maneira a formar um triângulo, símbolo máximo da perfeição e do equilíbrio, representando os três mundos: o mundo físico ou natural (Coluna da Força); o mundo espiritual ou metafísico (Coluna da Beleza); e o mundo divino ou religioso (Coluna da Sabedoria), representando a onipotência, onisciência e a onipresença do G∴A∴D∴U∴.

A **COLUNA DA SABEDORIA**, simbolicamente, é representada na Loja pelo Venerável Mestre que, por sua vez, senta-se na cadeira de Salomão, porque o Rei Salomão teve a sabedoria de construir, completar e dedicar o Templo de Jerusalém ao serviço de Deus. Também, porque o Venerável Mestre deve orientar a sua Loja e seus obreiros com Sabedoria.

A **COLUNA DA FORÇA** é representada pelo 1º Vigilante, que reflete a força material que o rei de Tiro ofereceu para a construção do Templo. Simboliza, também, a força que o Maçom prescinde para suplantar as dificuldades e reveses da vida. Representa a força do trabalho despendido por Hirão, rei de Tiro, para construir o Templo.

A **COLUNA DA BELEZA**, representada pelo 2º Vigilante, espelha Hiram Abiff por seu delicado trabalho de ornamentação do Templo. Simboliza, também, a beleza que adorna todas as ações dos Maçons, para seu aperfeiçoamento e progresso. A essas três Colunas pertencem as ordens de arquitetura: a **Jônica**, para representar a Sabedoria; a **Dórica**, para significar a Força; e a **Coríntia**, para simbolizar a Beleza.

Todo esse simbolismo nos indica que, na obra fundamental de nossa construção moral, devemos trazer para a superfície, para a luz todas as possibilidades das potências individuais, despojando-nos das ilusões da personalidade. E, nesse trabalho, só poderemos ser sábios se possuirmos Força, porque a Sabedoria exige sacrifícios que só podem ser realizados pela Força. Mas ser sábio com Força, sem ter Beleza, é triste, porque é a Beleza que abre o mundo inteiro à nossa sensibilidade. Assim, somente com a união das três poderemos atingir os nossos ideais.

Espalhados por diversos pontos do Painel de Aprendiz estão os utensílios de uso do Aprendiz, no aprimoramento de sua personalidade. Junto às Colunas, notamos o Esquadro, o Nível e o Prumo, simbolizando o Venerável Mestre, o 1º Vigilante e o 2º Vigilante.

O **ESQUADRO** é o símbolo da retidão, exprime que o homem deve sujeitar suas ações a essa qualidade, constituindo a virtude que precisa existir em todo homem de bem. Representa a Justiça e a Gratidão, simbolizando, também, a equidade. O Esquadro significa para o Maçom a retidão na sua conduta, na sua ação, sendo o emblema da perfeição de sua obra e de seu caráter. O **Esquadro** é a retidão moral e a virtude, fixidez e estabilidade. É, enfim, o emblema da Moralidade. O Maçom aprende, desde cedo, a se servir, simbolicamente, do **Esquadro** para submeter todas as suas ações às justas medidas da razão e da moral, corrigindo, assim, os defeitos que o impeçam de se manter com firmeza em sua posição de condutor da humanidade, quando saberá ser indulgente para com as faltas e os defeitos de seu próximo, vigiando as suas próprias ações.

O **NÍVEL** é o símbolo da igualdade maçônica a que estão sujeitos todos os Maçons que não se distinguem por outro título senão o de Irmão. Emblema que considera todos os homens iguais perante as leis naturais e sociais. O Nível lembra ao Maçom que todas as coisas devem ser consideradas com igual serenidade e o seu simbolismo tem como corolário noções de medida, imparcialidade, tolerância e igualdade, como também o correto emprego dos conhecimentos. É símbolo da igualdade social.

O **PRUMO** é o símbolo da atração e da retidão, que devem resplandecer em todos os juízos de um bom Maçom. Significa que o Maçom deve possuir tal retidão de julgamento que nenhum afeto, de interesse ou de família, deve desviar. É, também, o emblema da pesquisa, em profundidade, da base e do equilíbrio.

No centro do Painel, estão a Pedra Bruta e a Pedra Polida.

A **PEDRA BRUTA** é onde os Aprendizes começam seu trabalho, retirando-lhe as arestas e desbastando-se até que seja julgada polida pelo Mestre. Cada Aprendiz terá, simbolicamente, uma tarefa diversa a executar, dentro de sua capacidade e habilidade. A Pedra Bruta é o material retirado da jazida, no estado natural, para que, por meio de um cuidadoso e programado trabalho, tome a devida forma para ser colocada no edifício que abrigará o Templo. Representa a inteligência, o sentimento do homem no estado primitivo, áspero e despolido, e que neste estado se conserva até que dirigido pela mão sábia do Mestre e pela força de vontade e fé pela autorrealização, possa ser apresentado à sociedade como indivíduo merecedor de nela ingressar. A Pedra Bruta está ao lado do trono do 1º Vigilante, representando o Aprendiz que necessita retirar de si mesmo todas as imperfeições e os defeitos que o tornam bruto e disforme; sem habilidade e orientação não conseguirá, a não ser fragmentar a pedra em outras porções, sempre bruta e sem formas. É a representação da cegueira e da ignorância, das paixões humanas indomáveis, do pensamento livre e da teimosia, do mau gosto e do individualismo egocêntrico.

Sobre a Pedra Bruta encontramos o Maço, um dos principais utensílios do Aprendiz Maçom.

O **MAÇO** é o símbolo da força dirigida ou controlada, representa a aplicação específica do poder ou da energia em determinado ponto, de maneira repentina e resoluta, a fim de lograr um resultado definido. Simboliza a vontade ativa do Aprendiz, firme e perseverante, não teimosa e obstinada. Por isso, o Maço é considerado o emblema da inteligência que age, persevera e dirige o pensamento, e anima a meditação daquele que, no simbolismo da consciência, procura a Verdade. É o símbolo do espírito que, unido à inteligência, age sobre a força para subjugar a matéria. É o emblema do trabalho e da força material, serve para suprimir os obstáculos e as dificuldades. É a representação da Lógica, sem a qual não pode haver raciocínio e pela qual se pode conhecer qualquer ciência.

A **PEDRA POLIDA** é o material perfeitamente trabalhado, de linhas e ângulos retos, que o compasso e o esquadro delinearam segundo as exigências da Arte Real. A Pedra Polida passará a ser trabalhada por quem tenha as mãos adestradas e saiba manejar o buril, dando-lhe forma definida e bela. O objetivo é colocar a Pedra Polida ao lado do trono do 2º Vigilante, seu simbolismo surge de si mesma, pois uma pessoa polida é aquela que soube vencer os próprios defeitos e refletir, em si, o que adquiriu dos demais obreiros, com humildade e proveito. A Pedra Polida representa, em suma, o Saber do Homem no fim da vida, quando se aplica em atos de piedade e virtude, verificáveis pelo Esquadro da palavra divina e pelo Compasso da própria consciência liberta.

Em cima da Pedra Polida vemos o Cinzel.

O **CINZEL** é o símbolo da escultura e da arquitetura. Representa a inteligência, porque, com ele, o artista lavra o mármore. Significa também o progresso humano, da razão, do julgamento. É o emblema do senso crítico, do discernimento na investigação e deve, sob os golpes do Maço, afastar o supérfluo, corrigir os erros e dar uma forma ao informe. O Cinzel é a ferramenta que determina a justa aplicação da Sabedoria. O Maço e o Cinzel servem para desbastar as asperezas e imperfeições que encontramos em nosso caráter representado pela

Pedra Bruta, que, uma vez polida, apura as qualidades de nossa alma, na prática, das virtudes maçônicas.

Entre a Pedra Bruta e a Pedra Polida sobre o mosaico, encontramos a Régua, outro importante utensílio do Aprendiz.

A **RÉGUA** serve para medir e delinear os trabalhos, medindo o tempo e o esforço a despender, bem como a apreciar as 24 horas do dia na meditação, no trabalho e no descanso físico e espiritual. A Régua representa os princípios, as máximas, as leis, as regras, enfim, tudo o que, em uma palavra, serve para dirigir e alude às normas da moral, do dever, da urbanidade, da justiça, dos usos e costumes e das regras estabelecidas pelas leis humanas. Simboliza, também, a retidão de conduta e dos princípios maçônicos que devem ser observados pelos Maçons. É o critério de medir o tempo e o símbolo do tempo bem empregado. A Régua marca para o Aprendiz a judiciosa distribuição do tempo, representando também o emblema do aperfeiçoamento e da retidão. É a precisão na execução, a obrigação, a pontualidade e a exatidão. Significa, também, o aperfeiçoamento constante, a lei, a moralidade e o dever.

No centro do Painel, verificamos o **ALTAR DOS JURAMENTOS** sobre o qual repousa o Livro da Lei. O Altar dos Juramentos é a parte mais sagrada de uma Loja. Maçonicamente, o Altar simboliza o sacrifício de nossas paixões, levando o iniciado à obtenção da Virtude. É o símbolo do trabalho e da oração; de trabalho material que honra e dignifica, e da oração mental que aperfeiçoa e eleva nossos pensamentos, orando sem cessar para o bem dos Irmãos, e na piedosa cordialidade da paz e da caridade. Constitui um símbolo de desvelo com que pretendemos conservar a natureza em nossos corações e extinguir as manchas dos vícios pela constante ação da virtude.

O **LIVRO DA LEI** é o símbolo da lei moral que cada Maçom deve respeitar e seguir; representa a Filosofia que cada um adota ou a Fé que anima e governa os homens. É a palavra do Grande Arquiteto do Universo; o Livro Sagrado guia o Maçom para a verdade; conduz os seus passos para a felicidade, indicando-lhe todos os deveres a que o homem é obrigado. O Livro da Lei significa o código moral, que nada mais é do que a palavra do Senhor: o Verbo.

No Altar, notamos a inscrição de **um círculo com um ponto dentro**. O círculo é o limite dos deveres do homem para com Deus e para os demais homens. O círculo é limitado ao norte e ao sul por duas linhas paralelas, uma representando Moisés e a outra o Rei Salomão. O ponto dentro do círculo é o desconhecido, o absoluto ou o Altíssimo. O ponto é o homem, que representa o infinito, Deus e a Criação, a Terra e o Universo. No ponto, nós estamos em Deus e Deus está em nós: não somos deuses em igual potência, mas limitados pelo círculo. Circulando em torno desse círculo, teremos necessariamente de tocar as linhas paralelas, bem como no Livro da Lei. Enquanto um Maçom se conservar assim circunscrito, não pode errar. O ponto no centro lembra que não errará o Maçom que se orientar por ele em sua conduta.

Sobre o Livro da Lei, encontramos o **COMPASSO** e o **ESQUADRO**, colocados no Grau de Aprendiz. O Compasso e o Esquadro unidos simbolizam a medida justa que devem ter as ações dos Obreiros, conservando-os na Justiça e na Retidão. A ponta do Compasso, oculta sob o Esquadro, significa que o Aprendiz, trabalhando na Pedra Bruta, embora consciente da existência do Compasso, não pode usá-lo enquanto sua obra não estiver perfeitamente acabada, polida e esquadrejada. O Esquadro aparece em três lugares no Painel: à frente do Altar; entre este e a Pedra Polida; e sobre o Livro da Lei.

Apoiada sobre o Livro da Lei aberto está a **ESCADA DE JACÓ**, significando que a verticalidade parte da Palavra de Deus, portanto, uma palavra dentro do Esquadro e do Compasso que capacita a construção do círculo. O simbolismo da Escada de Jacó foi extraído do Sonho de Jacó (Gênesis, 28, 10-18): "...Viu em sonhos uma escada posta sobre a terra, cujo cimo tocava o céu, e os anjos de Deus subindo e descendo por ela...".

Maçonicamente, o símbolo da Escada do Painel de Aprendiz é a possibilidade de ascensão do Aprendiz, que poderá galgar os degraus superiores com seu aperfeiçoamento. Será para o Maçom o caminho da perfeição pelo qual, e só por meio disso, se atinge a Morada de Deus e a Perfeição. Simboliza, também, a ligação espiritual com o Senhor. Para os místicos, a Escada de Jacó simboliza o ciclo evolutivo e involutivo da vida, em seu perpétuo fluxo e refluxo por intermédio de nascimento e morte a se desdobrar em hierarquia de seres, potestades, mundos, reinos da vida e raças. A Escada de Jacó simboliza o único caminho para atingirmos o êxtase total, a plenitude; entretanto, devemos mais uma vez superar os obstáculos que encontramos em nossa ascensão. Anteriormente, a Escada de Jacó compunha-se de apenas três degraus, significando: **Fé, Esperança** e **Caridade (Amor)**. Simbolizam as virtudes teologais por meio da **Cruz** (Fé), da **Âncora** (Esperança) e do **Cálice**, além de um Braço Estendido (Amor), que estão colocados sobre a escada, significando a caminhada que o Maçom deve empreender para atingir o topo. Posteriormente, mais quatro degraus foram acrescentados, significando as virtudes cardeais: Temperança, Fortaleza de Alma, Prudência e Justiça, enquanto a Fé se robustece, dando alento a quem nela deposita toda confiança. Quem está subindo a Escada, ultrapassando o estágio da Fé, encontra-se com a Esperança; próximo está por realizar o seu desejo. Mas, se o Maçom estaciona, espera, deixa para depois, desanima, se omite e entra em apatia, seu coração adoece. Quase no topo, vemos uma mão à direita, estendida em direção a um Cálice: foi a forma para expressar o amor e a caridade. O que quer dizer que somente com esses sete requisitos se conseguiria o aperfeiçoamento. Talvez, seja o elemento simbólico mais importante do Painel de Aprendiz, pois a Escada de Jacó é uma representação bastante filosófica, significando o caminho de Deus e, Maçonicamente, o da Perfeição.

Assim, a **Cruz** significa que as dificuldades da caminhada só poderão ser vencidas pela Fé. A **Âncora**, além de representar a Esperança, simboliza o elemento que deve ser ultrapassado, pois a Âncora tem a finalidade precípua de nos fixar à matéria. O **Cálice** representa a provação, o juízo final. Transposto esse degraus, atingimos a luz maior, a Estrela de Sete Pontas. Os três símbolos dispostos sobre a escada significam que o Maçom jamais se esquecerá de depositar Fé no Grande Arquiteto do Universo; Esperança no aperfeiçoamento moral; e a Caridade (Amor) para com seus semelhantes. A **Fé** é a sabedoria do espírito, sem a qual o homem nada levará a termo; a **Esperança** é a força do espírito, amparando-o e animando-o nas dificuldades encontradas no caminho da vida; e a **Caridade** (Amor) é a beleza que adorna o espírito e o coração bem formado, fazendo com que, nele, abriguem os mais puros sentimentos humanos, possibilitando a ascensão ao topo da Escada, onde encontrará a Estrela de Sete Pontas.

A **ESTRELA DE SETE PONTAS** representa o Mestre, que simbolicamente atingiu a perfeição humana.

Encontra-se a Estrela no alto da Escada de Jacó, indicando as sete principais direções em que se move lentamente toda a vida até sua completa união com a divina, os sete raios ou emanações com que Deus encheu o Universo da luz de sua vida. Significa a Perfeição do ser humano. A Estrela é o grau de pentáculo da luz eterna, síntese da unidade a que respondem as sete vezes da análise, os sete anjos com as sete trombetas, suas sete espadas, que simbolizam a absoluta luta do bem contra o mal. Os sete selos do livro oculto são abertos sucessivamente e a iniciação universal se realiza porque atingimos o Grau máximo de perfeição. São os sete poderes correspondentes às estrelas que estão na mão direita de Deus, os quais podem ser adquiridos pelo Homem Perfeito, o Senhor da Vida e da Morte. Assim, estaremos aptos a achar a paz do coração e o desvanecimento do espírito; o ritmo da evolução e em comunhão perfeita e consciente com o Ser Superior. Aí, deve-se atingir o ápice dos desejos do Maçom e Aprendiz.

Painel do Grau de Aprendiz

Há outro formato de Painel de Aprendiz, composto de um manto, no qual está inserido o brasão ou escudo, que é encimado por um Prumo, circundado por um radiante dourado.

O **manto** é vermelho e, no escudo, que se encontra em seu interior, estão as duas Colunas vestibulares do Templo maçônico, tendo, no espaço entre elas, a representação do primeiro Templo de Jerusalém, o de Salomão, no qual se sobe por meio de três degraus, a Tábua de Delinear ou Traçar, o **Maço** e o **Cinzel**, entrecruzados. Na parte superior, estão um **Esquadro** e um **Compasso** cruzados, com os ramos do Esquadro cobrindo as hastes do Compasso, colocados entre o Sol e a Lua. A **Lua** está rodeada pelas estrelas da constelação da Ursa Maior. De um lado a outro, há uma **corda de nós**, que começa em uma coluna, atravessa toda a extensão e termina na outra coluna, tendo ambas as borlas pendentes.

Os utensílios do Aprendiz já foram mencionados na descrição do primeiro Painel.

Apenas é importante citar que os três degraus de acesso ao Templo referem-se ao número do Aprendiz: a Loja, iluminada por três luzes; os três passos; a bateria de três pancadas.

7. Ritualística do Grau

Iniciação

Chama-se iniciação a cerimônia efetuada para a entrada na Ordem e consiste em provas, juramentos e comunicação dos mistérios. Essa prática de ingresso data de remota antiguidade. As normas mais universalmente seguidas prescrevem que todos os profanos que reúnam condições exigidas pela Constituição e Regulamento Geral da Potência, sob cujos auspícios trabalha a Loja em que desejam ingressar, devem ser propostos para Iniciação por um ou vários membros dela.

A iniciação maçônica é uma simples iniciação simbólica, isto é, uma imagem da verdadeira iniciação que se processará quando o iniciado conseguir romper a casca mental que formou durante a sua vida profana e alcançar um estado de transcendência. E esse estado ele só conseguirá pelo estudo aprofundado do simbolismo maçônico, que há de lhe abrir a porta.

A Maçonaria é uma verdadeira escola de iniciação, vista no caminho da iniciação. Mas ninguém conseguirá a iniciação real a não ser por seus próprios meios e seus prolongados esforços, sem outro qualquer auxílio.

Câmara de Reflexão

Em todas as épocas, a cerimônia de iniciação nos mistérios de uma religião ou de uma instituição sempre foi cercada de grande valor místico, pois essa iniciação é considerada a morte simbólica do Candidato e o seu renascimento para uma vida nova. Por isso é que, na fase inicial do procedimento cerimonial, o Candidato era encerrado, durante algum tempo, em um recinto fechado que, geralmente, era uma caverna; evoluindo, passaria para outros recintos. A caverna, na Maçonaria, é a Câmara de Reflexão, local em que o profano é recolhido antes de ser introduzido no Templo para sua cerimônia de iniciação. De maneira geral, ela simboliza a masmorra, uma espécie de reduto, lugar secreto e fúnebre, em que o Candidato permanece rodeado de objetos mortuários, para que ali medite sobre a transitoriedade das coisas mundanas e materiais, e na gravidade da vida espiritual e das responsabilidades que almeja encetar na Maçonaria.

A **Câmara de Reflexão** simboliza o centro da terra donde viemos e para onde vamos: coloca-se o profano nesse lugar de meditação para que aprenda e considere que o homem profano deve morrer, a fim de poder sair regenerado e purificado para desfrutar de uma nova vida. É, pois, uma purificação por meio do elemento Terra e foi tomada dos Mistérios Egípcios, nos quais se deixava só o iniciado rodeado de múmias e de emblemas fúnebres para que refletisse sobre o passo que ia dar, pois se não saísse vitorioso das provas, teria de perder para sempre a liberdade.

O Candidato é introduzido nesse local de meditação para aprender que o homem profano deve morrer para renascer purificado. O período em que o recipiendário permanece na Câmara é o tempo necessário para preparar sua mente e seu espírito para o renascimento de uma nova vida. Para induzir o profano a mergulhar em si mesmo e refletir sobre o passo definitivo que vai dar, a Câmara expõe emblemas e sentenças morais pelas paredes.

No interior da Câmara de Reflexão há uma mesa, sobre a qual se encontram um castiçal, uma ampulheta, um crânio, um pedaço de pão, uma jarra de água, sal, enxofre, mercúrio, duas taças. Nas paredes, encontram-se pinturas e frases: um galo em posição de canto, sobre as palavras "Vigilância e Perseverança": a representação da morte munida de alfanje encimando a inscrição: "Lembra-te, homem, que és pó e ao pó retornarás"; e, finalmente, os conselhos aos Candidatos: "Se a curiosidade te trouxe, vai embora" – "Se tua alma sentiu medo, não vás adiante" – "Se perseverares, serás purificado pelos elementos, sairás do abismo das trevas, verás a luz".

A **Câmara de Reflexão** deve imitar uma gruta, nesse lugar o profano não se entrega a reflexões, mas realiza uma reflexão, no sentido de retrocessão sobre si mesmo, com o abandono de sua vida anterior para renascer de novo. A reflexão deve ser uma das características que distinguem o Maçom.

Eis algumas interpretações de seus símbolos:

Pão e água – A Câmara de Reflexão, pelas reduzidas dimensões, assemelha-se a uma masmorra. E também representa a imagem do ovo dentro do qual se desenvolve o germe e, nesse caso, o pão e a água são os emblemas da simplicidade que deve reger a vida do futuro iniciado. Simboliza a origem da vida, o símbolo da ressurreição.

Em todas as religiões, o pão representou sempre a carne de Deus Sacrificado. O pão e a água simbolizam os alimentos do corpo e do espírito: material e espiritual, necessários ao homem. Representam também as forças que o iniciado recebe para enfrentar as provas pelas quais vai passar. A água é considerada elemento indispensável à vida, e o pão feito de trigo representa a força moral e o alimento espiritual. A água e o pão simbolizam os alimentos do corpo e do espírito, alimento material e espiritual, necessários ao homem.

Enxofre, sal e mercúrio – São os três princípios herméticos da Alquimia. O enxofre, símbolo do espírito, e o sal, o símbolo da Sabedoria e da Ciência, estão colocados cada um em uma taça. O mercúrio, atributo de Hermes, é representado pelo galo, o símbolo da intrepidez e da vigilância. Na Maçonaria, o galo anuncia a luz que o recipiendário vai receber.

Ossos, crânio, foice e ampulheta – Todos esses emblemas se relacionam com Saturno e, por conseguinte, com o chumbo como metal. Simbolizam a morte do Candidato que vai renascer à vida espiritual: transmutação do chumbo em ouro. Não se trata de assustar o profano, mas lhe ensinar a despojar o "Velho Homem" para se preparar para um novo nascimento.

A **foice** é o símbolo da inflexível colheita da morte, que cobre o pedágio da vida a todos os homens, sem exceção nem distinção de classe social. O **crânio** é o símbolo da verdadeira igualdade. O **esqueleto (ossos)** é o símbolo da morte, lembrando o nada das ambições humanas, das vaidades e do orgulho, o fim é a perfeita igualdade da condição verdadeira. A sua mudez ensina o silêncio e o sigilo. A **ampulheta** é o relógio de areia e destina-se a medir o tempo pela passagem de certa quantidade de areia finíssima do vaso superior para o inferior. Mostra o decorrer do tempo e a brevidade da vida humana.

Significa que o tempo voa e a vida sobre a terra é semelhante ao cair da areia.

Vigilância e perseverança – Essas duas palavras são uma mensagem que o postulante deve receber da Maçonaria, na qual está implícito que ele deve manter uma vigilância constante e uma atenção aguçada para aprender, mediante acurada investigação, todos os sentidos dos diversos símbolos com os quais irá deparar. É um emblema da Abóbada Celeste que encontramos na Arca da Aliança e no Arco-Íris. As suas palavras podem ser traduzidas por "Vigiar Severamente". Indicam ao futuro Maçom que deve, desde já, estar atento e escrutar os vários sentidos que podem oferecer os símbolos, mas que só os compreenderá completamente por uma paciente perseverança.

V.I.T.R.I.O.L – A abreviatura representa a expressão: "Visita Interiora Terrae Rectificando, Invenies Occultum Lapidem", cujo significado é – "Visita o interior da terra e, retificando, encontrarás a pedra oculta".

Esse aforismo hermético é um convite para a busca do "ego profundo", que não é outra coisa senão a própria alma humana, no silêncio da meditação. A procura do ouro é, na realidade, a descoberta de tesouros incorruptíveis e puramente espirituais. Aquele que quer trabalhar na Grande Obra deve visitar a sua alma, penetrar no mais recôndito do seu ser e nele efetuar um labor oculto, misterioso. Como a semente deve ser sepultada no seio da terra, assim aquele que ouve o apelo de Deus deve, corrigindo-se, retificando-se, obter a sublime transmutação. Encontrará assim a pedra oculta que Ele guarda. Nesse local, seu espírito é levado a conceber novas ideias, introspectar, examinar e comparar tudo o que o cerca, aí esta a realização da Grande Obra dos Alquimistas. A Grande Obra dos Alquimistas resumia-se em três classes de operações: a) a transmutação dos metais em ouro ou em prata pela descoberta da Pedra Filosofal; b) a descoberta da Panaceia (o elixir da vida, com o qual curaria qualquer moléstia); e c) a felicidade perfeita no seio da Divindade.

Os alquimistas professavam a crença de que, para alcançar a Grande Obra, regeneração da matéria, deviam proceder à regeneração de sua alma, e da mesma forma que, no seu vaso lacrado, a matéria morre e ressuscita perfeita, igualmente, desejam que sua alma, sucumbindo à morte mística, renasça para levar em Deus uma existência extasiada. O adepto torna-se, assim, capaz de conseguir a Obra Física, a regeneração do Cosmos. Depois de ter operado no segredo da alma humana, a transmutação deve manifestar-se no mundo material.

A Pedra Filosofal era, segundo os alquimistas, uma substância misteriosa, cuja descoberta devia transformar os metais em ouro, proporcionando assim riqueza aos homens. Essa pedra maravilhosa empregada como medicamento, em seu mais alto grau de perfeição, seria um remédio universal que curaria todas as doenças, rejuvenesceria o corpo e prolongaria indefinidamente a vida. Esta era a Grande Obra que, para os Maçons, é ter resolvido o problema fundamental, ter encontrado o segredo da Natureza, graças a um conhecimento perfeito adquirido por iluminação; seria transformar o mal do mundo em bem, mostrar-se e prestar socorro ao próximo, em suma: "Se quer procurar a nossa pedra, sê sem pecado, persevera na virtude, que o teu espírito seja esclarecido do amor, da luz e da verdade". Tome a resolução, após ter adquirido o dom divino que deseja, de estender a mão aos pobres atolados, de ajudar e de reerguer aqueles que estão na desgraça.

Nesses ensinamentos dos alquimistas, foi a Maçonaria buscar o simbolismo da Câmara de Reflexão e os seus emblemas para que o profano, antes de ser iniciado, medite sobre a sua grande escolha: ser Maçom.

Entretanto, o profano deverá deixar seu espírito ser levado a conceber novas ideias; sentir o refluxo da Verdade sobre o falso aproveitamento das coisas vãs, a efemeridade e a fragilidade da vida humana, a inutilidade do fanatismo doentio e dos preconceitos vulgares, a inocuidade das vaidades e ambições, e perceber que o tempo não para, e que urge a regeneração, a lhe ensinar a despojar do "Velho Homem" para se preparar para um novo nascimento.

8. Primeira Instrução do Grau de Aprendiz

A Ordem Maçônica é uma associação de homens sábios e virtuosos que se consideram Irmãos entre si, cujo fim é viver em perfeita igualdade, intimamente ligados por laços de recíproca estima, confiança e amizade, estimulando-se, uns aos outros, na prática das virtudes.

É um sistema, uma escola, não só de Moral como também de Filosofia Social e Espiritual, reveladas por alegorias e ensinadas por meio de símbolos, levando seus adeptos à prática e ao aperfeiçoamento dos mais elevados deveres de homens de todas as classes, crenças religiosas e opiniões políticas, excetuando aquelas que privem o homem da liberdade de consciência, restrinjam os direitos e a dignidade da pessoa humana.

A Maçonaria tem por causa: a Verdade, a Luz e Liberdade; por princípio: a Igualdade, a Fraternidade, a Beneficência; por arma: a Persuasão e o Bom Exemplo; por fruto: a Virtude, a Sociabilidade, o Progresso; e por finalidade: o Aperfeiçoamento e a Felicidade da Humanidade, que tende a reunir sob uma só égide.

Herdeira espiritual das sociedades iniciáticas da Antiguidade, a Maçonaria perpetua o tradicional método iniciático no ensinamento de suas doutrinas. Esse sistema se funda no simbolismo, isto é, na interpretação intuitiva dos símbolos, assim o ensino maçônico torna-se muito pessoal e praticamente autodidático.

A Maçonaria utilizou-se dos mais diversos conhecimentos e ensinamentos da Antiguidade para elaborar seu sistema de aprendizado, com base em símbolos e alegorias.

Por simbolismo entendemos o sistema de símbolos destinados a lembrar fatos ou a exprimir ideias, crenças e interpretações pelos homens de problemas de ordem religiosa, filosófica e política.

A alegoria significa "falar de outra maneira". Fazer uma alegoria é, portanto, contar alguma coisa empregando termos diferentes dos verdadeiros, isto é, expressar um pensamento de forma figurada.

O ensinamento esotérico ministrado em escolas filosóficas da Antiguidade era reservado aos discípulos completamente instruídos. Todo esse ensino era dirigido a um círculo restrito e fechado de ouvintes, alguns conhecidos por mestres ou sábios. Era o ensino da Verdade reservado a um pequeno número de iniciados, escolhidos por sua inteligência ou valor moral.

A Maçonaria, a partir do século XVIII, restabeleceu a tradição dos ensinamentos esotéricos existentes na Antiguidade, principalmente nos Santuários Egípcios, e continua transmitindo-os aos seus iniciados da mesma forma. Como os antigos filósofos para ocultar seus segredos e mistérios aos olhos dos profanos, ensinava seu saber por meio de símbolos e alegorias. A Maçonaria vem trabalhando sigilosamente para não revelar suas verdades ao mundo profano, só as transmitindo àqueles que ingressam em seu Templo pela iniciação.

Para os antigos filósofos nada se incutia nos iniciados com precisão; contentavam-se em lhes dar uma impressão, pondo-os em certa disposição do espírito.

Essencialmente, a Maçonaria Especulativa se esforça em imprimir no espírito de seus adeptos certa tendência, uma orientação dirigida no sentido do seu ideal. O que ela quer, antes de tudo, de acordo com os seus ideais, é fazer os homens mais amigos, mais esclarecidos, mais fortes, mais sábios e mais ávidos de trabalho para alcançar a felicidade humana.

A Arte Real

A Maçonaria quer que seus adeptos sejam investigadores da Verdade; aperfeiçoem-se na arte suprema do pensamento – a Arte Real –, que é o objeto das Iniciações Maçônicas, penetrando em seus mistérios e trabalhando com assiduidade, para serem admitidos às graças da Loja.

Por Arte Real entendemos o título que se dá à Maçonaria para explicar o apoio que ofereceram os monarcas às corporações de obreiros, das quais, segundo muitos historiadores, provém a Maçonaria. Também, os que dão à Maçonaria origem mais recente, denominam a instituição de Arte Real, isso porque muitos de seus símbolos e alegorias estão baseados nos atos do Rei Salomão.

O primeiro a empregar essa expressão na Maçonaria foi Anderson, e o fez nas Constituições de 1723, com o sentido de Geometria, Arquitetura, Arte de Edificar.

Na França, porém, a expressão Arte Real ou Ordem Real designou a Fraternidade Maçônica até o dia 27 de dezembro de 1774, quando o Grande Oriente da França a substituiu pela denominação Ordem Maçônica, por considerá-la contrária ao princípio de igualdade.

Tendo em vista que a Maçonaria ensina a arte de construir um Templo espiritual, como a Arquitetura o faz para construir um Templo material, Mackey afirma que a Maçonaria é a arte por excelência, a Arte Real.

Oswald Wirth diz que, na Antiguidade, havia escolas que ensinavam uma Arte Sacerdotal para formar padres e uma Arte Real para preparar reis. Segundo ele, a Arte Real, a Grande Arte, a Arte por Excelência, é a arte suprema do pensamento, e cabe à Maçonaria fazer com que ela viva entre nós.

Para A. Gedalge é o ato de pôr em prática o processo iniciático muitas vezes chamado de Arte Real, sem dúvida porque ele faz do iniciado um rei, um amo de si mesmo e da Natureza.

Outros sustentaram que a expressão era uma alusão ao tempo do Rei Salomão. As duas versões são conciliáveis, pois é em um sentido alegórico e moral que o iniciado concebe esse Templo.

A expressão Arte Real tem, porém, uma origem alquímica ou hermética, tendo sido usada pelos adeptos as expressões: Arte Sagrada e Arte Real, sendo a qualificação de "real" atribuída ao ouro, o rei dos metais; por isso, os alquimistas designavam a sua arte, quando realizada por via real, sob o nome de Arte Real.

O processo iniciático maçônico baseia-se, essencialmente, no simbolismo, transmitido por alegorias e símbolos. A alegoria é a voz da sabedoria, ou seja, a exposição de um objeto por meio de figuras. O símbolo é a expressão das ideias representadas pelas imagens.

Trata-se de uma figura, imagem, pintura, inscrição, escritura, ser vivo, forma alegórica, emblema ou objeto a que se atribui uma significação convencional. O simbolismo divide-se em duas categorias: a emblemática e a esquemática. O simbolismo esquemático é realmente o iniciático, do qual a Maçonaria tem se utilizado ao longo de sua história. Tem sido a linguagem inalterável, universalmente usada desde a mais remota Antiguidade pelas ciências e pelas artes sacerdotais para proclamar e perpetuar certas verdades eternas, essenciais à vida humana.

A Pedra Bruta

A iniciação é a cerimônia a que todos os Maçons foram submetidos, talvez lhes tenha parecido inútil, principalmente na época materializada que empolga a vida moderna. A cerimônia tem o objetivo de despertar os instintos morais à luz da razão, tornando-se inspiração para que despojados dos sentimentos de egoísmo, preconceitos e erros possam transformar-se em construtores sociais.

No simbolismo maçônico, o Grau de Aprendiz representa o homem na sua primeira infância e nos primeiros séculos da civilização. O Aprendiz deve estudar as leis, os usos e os costumes da Instituição, trabalhando, simbolicamente, no desbaste da Pedra Bruta, o que faz desde o meio-dia até a meia-noite.

Os trabalhos no Grau de Aprendiz têm por objetivo demonstrar ao novo iniciado a escravidão em que vive, despertando em seu coração o sentimento de sua própria dignidade e incentivando-o no estudo da Verdade. O Aprendiz tem por objetivo lutar contra os inimigos naturais do homem: as paixões; contra os hipócritas, os perjuros, os fanáticos e os ambiciosos, os que especulam com a ignorância e o obscurantismo, combatendo-os com vigor para que a luz vença as trevas, para que a honra derrote a perfídia e a verdade triunfe sobre o erro. É esse o simbolismo do Aprendiz que passa das trevas para a Luz. O Candidato (neófito), simbolicamente, equipara-se a uma Pedra Bruta, que necessita ser desbastada para adquirir uma forma esculpida, tornar-se uma obra perfeita, um símbolo de arte.

Cada Aprendiz terá, simbolicamente, uma tarefa diversa a executar dentro de sua capacidade e habilidade. A Pedra Bruta é o material retirado da jazida, no estado natural, para que por meio de um cuidadoso e programado trabalho, tome a devida forma para ser colocada no edifício que abrigará o Templo. Representa a inteligência, o sentimento do homem no estado primitivo, áspero e despolido, e que nesse estado se conserva até que, pela sua força de vontade e fé, pela autorrealização, possa alcançar seu ideal. Para poder evoluir, é preciso desbastar a Pedra Bruta que o personifica, isto é, deve progressivamente se desfazer de todos os maus costumes, de todos os preconceitos, de todos os defeitos, de todas as porções que agitam o mundo profano.

A Pedra Bruta, segundo Luiz Umbert Santos, "é o emblema da pedra informe e irregular que desbastam os Aprendizes. É o símbolo da idade primitiva e, por conseguinte, do homem sem instrução e em estado natural".

A **Pedra Bruta** é a imagem da alma do profano antes de ser instruído nos mistérios maçônicos: representa a natureza humana ainda não trabalhada, simboliza a imperfeição, por isso é a pedra informe que os Aprendizes desbastam.

Os Instrumentos e Utensílios do Aprendiz

Os instrumentos do Aprendiz Maçom são: a **Régua de 24 Polegadas**, o **Maço** e o **Cinzel**.

A RÉGUA

A régua era usada pelos Maçons operativos para medir e delinear os trabalhos, medindo também o tempo e o esforço a despender. Como, porém, não somos operativos, mas livres e aceitos ou especulativos, empregamos a régua dividida em 24 polegadas, porque ela nos ensina a apreciar as 24 horas em que está dividido o dia, induzindo-nos a empregá-las com critério na meditação, no trabalho e no descanso físico e espiritual.

É, também, emblema considerado na Maçonaria como a imagem das 24 horas do dia e sobre o qual Mackey escreve: "Entre os Maçons operativos, a Régua, dividida em 24 partes de uma polegada cada uma, era utilizada para tornar as dimensões da pedra que devia ser preparada. Na Maçonaria Especulativa foi ela considerada uma das ferramentas do Aprendiz, sendo as suas divisões vistas representando as horas". Continua: "Dessa forma, o seu simbolismo ensina-lhe a medir o seu tempo, e das 24 horas do dia, deve ele dedicar oito horas ao serviço de Deus e de um digno Irmão em apuros, oito horas às suas ocupações habituais e oito horas à recreação e ao sono".

Em linguagem simbólica, portanto, a medida de 24 polegadas é o símbolo do tempo bem empregado. A Régua de 24 Polegadas, pois, marca para o Aprendiz a judiciosa distribuição do tempo, representando também ele o emblema do aperfeiçoamento e da retidão. Simboliza, igualmente, a precisão na execução, a obrigação, a pontualidade e a exatidão.

O CINZEL

Para desbastar da Pedra Bruta, emblematicamente, o Aprendiz recebe duas ferramentas: o Cinzel e o Malho. Por isso representam os instrumentos próprios do Aprendiz, uma vez que, ao ingressar na Maçonaria, este recebe a incumbência de burilar o espírito, desarraigando todas as arestas e irregularidades, todas as incrustações seculares de vícios e maus hábitos, todos os defeitos nele existente.

Com o Cinzel, o Aprendiz Maçom dá forma e regularidade à massa informe da Pedra Bruta, e pode marcar impressões sobre os mais duros materiais. Pelo Cinzel, aprendemos que a educação e a perseverança são necessárias para se chegar à perfeição; que o material grosseiro só recebe um fino polimento depois de repetidos esforços; e que é, unicamente, por seu incansável emprego, que se adquire o hábito da virtude, a iluminação da inteligência e a purificação da Alma.

Como vimos, o profano, ao ser iniciado, é comparado a uma Pedra Bruta, que bem trabalhada por mãos hábeis transformar-se-á em uma bela escultura, de valor inestimável.

O Cinzel é a ferramenta especificamente reservada ao Aprendiz e simboliza as vantagens da educação. Movido pelo Maço, sem o qual o seu emprego seria nulo, o Cinzel tem por missão fazer desaparecer as asperezas, isto é, os erros e os preconceitos. Ao ser aplicado sobre a Pedra Bruta, o Cinzel é segurado com a mão esquerda, que corresponde à receptividade intelectual e ao discernimento especulativo. Vibrado com a mão direita, o Maço representa a energia que age e a determinação moral das quais decorre a realização prática. Sozinho, porém, o Maço seria um instrumento de destruição, impróprio; sem o Cinzel, não poderia transformar a Pedra Bruta em Pedra Cúbica.

O Cinzel é também o emblema do senso crítico, do discernimento na investigação e deve, sob os golpes do Malho, afastar o supérfluo, corrigir os erros e dar uma forma ao informe. O Aprendiz deve sair do estado de barbárie para alcançar a civilização.

O Cinzel produz a beleza final de toda obra e realiza os ornamentos e adornos, ao mesmo tempo que faz ressaltar as figuras. Dessa forma, o Cinzel é a ferramenta que determina a justa aplicação da Sabedoria, pois nenhuma obra de arte poderá ser produzida na pedra sem a ação bem orientada do Cinzel, com a força do Maço, dentro das linhas retas e perfeitas traçadas pela Régua.

Simboliza a inteligência, como já afirmamos em várias passagens; símbolo do progresso humano e da razão, o Malho representa a vontade e o Cinzel o julgamento. Isolados de nada valem, mas juntos desbastam a Pedra Bruta.

O MAÇO

Sobre os instrumentos do Aprendiz, escreve Ragon: "Na primeira viagem, são armados com o **Malho** e o **Cinzel**: o Malho, emblema do trabalho e da força material, ajuda a derrubar os obstáculos e vencer as dificuldades; **Cinzel** é o emblema da escultura, da arquitetura e das belas-artes; seu emprego de nada adiantaria sem a ajuda do Malho. Intelectualmente seu objetivo é o mesmo, pois o **Malho**, símbolo da lógica – sem a qual não se poder raciocinar com precisão, não havendo ciência que possa dela prescindir –, precisa do Cinzel, que é a imagem do encadeamento dos argumentos da palavra, com que sempre se consegue destruir os sofismas do erro. Daí resulta que esses emblemas da primeira viagem simbolizam as belas-artes, diversas profissões industriais e a lógica, elementos adequados a tornar o homem independente".

Plantageneta escreveu: "O **Malho** é o símbolo da inteligência que age e persevera, que dirige o pensamento e anima a meditação de quem, no silêncio de sua consciência, busca a verdade. Sob esse ângulo é inseparável do Cinzel, que representa o discernimento, sem o qual vão seria o esforço, senão perigoso".

Oswald Wirth expressa melhor: "Dois instrumentos são indispensáveis (para desbastar a Pedra Bruta). O primeiro representa as resoluções tomadas em nosso espírito: é o **Cinzel** de aço, que se aplica à pedra, seguro pela mão esquerda, lado passivo, correspondente à receptividade intelectual, ao discernimento especulativo. O outro revela a vontade que executa: é o **Malho**, insígnia do comando, que a mão direita, lado ativo, movimenta, referindo-se à energia agente e à determinação moral, da qual decorre a realização prática".

O Maço simboliza a vontade ativa do Aprendiz firme e perseverante, não teimosa e obstinada. Por isso, o **Maço** é considerado o emblema da inteligência que dirige o pensamento e anima a meditação daquele que, no simbolismo da consciência, procura a Verdade, também é o símbolo do espírito que, unido à inteligência, age sobre a força para subjugar a matéria. Assim, o raciocínio filosófico age sobre as nossas imperfeições, e é precisamente nisso que consiste o desbaste da Pedra Bruta.

Entretanto, devemos nos lembrar da construção do Templo de Salomão que, como sabemos, foi feita com pedras já preparadas, de maneira que nem martelo, machado ou outro instrumento de ferro se fazia ouvir (Reis I – 6, 7).

O **Maço**, por isso, tem na sua simbologia um sentido muito especial, pois a construção do Templo interior de cada Maçom é feita silenciosamente, sem golpes de martelo. Mas com a força controlada e dirigida pela inteligência.

O **Maço**, também, indica a força que nos é imprescindível para combater os vícios e as imperfeições da nossa alma, gravando nela os claros preceitos da Verdade e da Justiça. Por isso representa a força da consciência que nos guia em todas as nossas lucubrações, destruindo todo o equívoco, todo mau pensamento, toda atitude malsã que não estão de acordo com os nobres ditames da Grande Obra. Emblematicamente, é submissão da força bruta diante da potencialidade da inteligência.

Joaquim Gervásio de Figueiredo escreve: "O **Malho**, como o Cinzel, é instrumento de trabalho do Aprendiz, para alegoricamente desbastar a pedra ou educar a agreste e inculta personalidade para uma vida ou obra superior. O Malho simboliza a vontade, energia, decisão, o aspecto ativo da consciência, necessários para vencer e superar os obstáculos. Ao passo que o Cinzel corresponde à penetração, discernimento e receptividades intelectuais, o aspecto passivo da consciência. Indispensáveis para descobrir as protuberâncias ou falhas da personalidade".

O **Malho** é o símbolo da vontade ativa do Aprendiz (por isso o instrumento não é o martelo de ferro, pois não deve haver teimosia nem obstinação), e essa vontade deve ser firme e perseverante. Como, porém, o homem (espírito) para agir sobre a matéria precisa de um meio, é empregado nessa tarefa o Cinzel, devendo ser constantemente afiado, ou seja, é indispensável rever sem cessar os conhecimentos adquiridos, para que não fiquem rombudos, superados.

O **Malho** é usado de modo descontínuo, em golpes secos e seguros, para demonstrar que o esforço deve ser forte; mas descontínuo, isto é, com interrupções, porque o arco sempre retesado perde a elasticidade.

Para o Aprendiz, nenhuma obra pode ser acabada sem ele. Nesse Primeiro Grau, o **Maço** é sempre utilizado com o **Cinzel**, formando o conjunto de trabalho. Entretanto, seu emprego, quer pela ignorância simbólica, quer pelo vigor incontrolado da juventude, também pode representar a força bruta no ímpeto de obedecer aos seus Mestres, podendo até se destruir.

O **Maço** em sua linguagem oculta nos indica a firmeza de caráter e a inteligência que raciocina, porque cada golpe de Malhete sintetiza a vontade de ferro dos Maçons diante de afagos, carícias, vaidades e insídias dos vícios, significando a expressão da vontade da Natureza, que se cumpra as leis inquebrantáveis que regem o Universo.

Esotericamente, serve para tirar as asperezas da ignorância, gravando em nossas almas, a golpes de Malhete, a palavra da Sabedoria e os exemplos de virtude que purificam e engrandecem a chama divina de nossa espiritualidade.

Para Ragon, "o **Malho** é o emblema do trabalho e da força material, ajuda a derrubar os obstáculos e a superar as dificuldades".

Assim, a Maçonaria Simbólica aperfeiçoará o Aprendiz, fazendo-o desbastar a Pedra Bruta, conduzindo-o para a construção do mundo, livre das paixões e dos defeitos próprios do ser humano.

Concluímos que o **Maço**, sintetizando o seu oculto dever, é a força da consciência, que deve eliminar todo pensamento vão e indigno, exige que o adepto seja virtuoso, traga em seu coração princípios sãos e reservados aos que sabem alijar de si a superstição, o fanatismo e a ignorância, professando em sua íntima convicção e em sua sólida fortaleza belas concepções do sagrado lema de libertação física, moral e espiritual da espécie humana, circunscritas no sublime ternário: pureza de pensamento, pureza de palavra e pureza de ação – sagrado postulado que eterniza a Humanidade Maçônica.

Os Vícios do Profano

A barbárie é o estado de natureza, o estado do homem selvagem, o estado de um povo incivilizado. Todo atentado à ordem social é um ato de barbárie. Todo lugar onde não é permitido pensar ou escrever os próprios pensamentos deve cair na estupidez, na superstição e na barbárie.

Na Antiguidade, as iniciações aos mistérios pretendiam apoderar-se do homem bárbaro para torná-lo civilizado, hoje a Maçonaria toma o profano para aperfeiçoá-lo. Assim, o neófito deve combater seus defeitos, preconceitos e vícios para atingir o aperfeiçoamento.

O vício é uma disposição, uma inclinação habitual para o mal, às más ações, e que leva a infringir as leis naturais e sociais.

Preconceitos, como o nome indica, são julgamentos feitos ou admitidos antes de um exame, ou sem exame; são erros, falsas crenças admitidas sem provas; a prevenção pública é um preconceito; trata-se de um flagelo antissocial, de uma natureza obstinada, que só cede à força da experiência e da razão. Trata-se de um mal cuja fonte é a ignorância e o erro. Cada vez que um povo ou um indivíduo se livra de um preconceito, ele dá um passo a mais rumo ao progresso.

A ignorância é a falta de conhecimento, de saber. É da ignorância de si mesmo que decorrem todos os vícios. Há três espécies de ignorância: não saber nada, saber mal o que se sabe, saber outra coisa e não o que se deve saber.

Podemos dizer que a ignorância é a falta de saber, de ciência e de instrução; a fonte de todos os males e de todos os erros que afligem a humanidade.

Por fanatismo entendemos o culto insensato, um erro sagrado, é uma exaltação religiosa que perverteu a razão e que eiva as ações condenáveis com o objetivo de agradar a Deus. O fanatismo, uma vez enraizado num país, toma o caráter e a autoridade de um princípio, em nome do quais seus partidários desesperados fizeram, em seus execráveis autos de fé, morrer milhares de inocentes.

A superstição é um culto errado, um culto mal compreendido, cheio de vãos terrores, contrário à razão e às ideias sadias que se deve ter de Deus. A superstição é a religião dos ignorantes, das almas medrosas e mesmo dos sábios que, por falta de raciocinar, não ousam sacudir o jugo do hábito.

Além da ignorância e da superstição, temos o erro que é uma opinião falsa adotada por ignorância, por falta de exame ou de raciocínio; trata-se de um falso julgamento, de uma falta, de um engano. É o desvio da razão, da verdade, da justiça; é uma perversão do espírito, que toma o falso pelo verdadeiro.

Outro defeito grave é a mentira, um fato contrário à verdade e concebido na intenção de enganar. A mentira é um grande engano. Há erros sagrados que só se sustentam pela mentira. A mentira é a mão do roubo. Não existe mau hábito mais difícil de corrigir do que o de mentir. Nunca seria demais a vigilância dos pais sobre os filhos para preservá-los desse vício horrível. Um sábio disse que o castigo de um mentiroso é não ser acreditado, mesmo quando diz a verdade.

Outro defeito poderá ser a paixão, que é uma afeição permanente, uma inclinação irresistível, um desejo violento causado por uma necessidade da alma, com sofrimento, até que seja satisfeito. É, também, um gosto decidido por uma coisa, uma arte, uma ciência, etc. Todas as paixões são necessárias ao homem, mas é preciso que uma boa educação as dirija para objetivos úteis a ele mesmo e à sociedade. Não existe paixão que não possa ser dirigida para o bem social e para contribuir para a felicidade geral.

Na Loja, a Pedra Bruta está colocada ao pé da Coluna do Norte e ao lado do 1º Vigilante; é uma porção de pedra natural, de granito ou outra espécie, tosca, como foi encontrada na Natureza; representa o Aprendiz que necessita retirar de si mesmo toda imperfeição, porém, sem orientação nada conseguirá, a não ser fragmentar a pedra em outras porções, sempre bruta e disforme. Representa a cegueira e a ignorância, as paixões humanas indomáveis do pensamento livre e da teimosia, do mau gosto e o individualismo egocêntrico que o Aprendiz deve combater sem temor para alcançar o seu aperfeiçoamento.

A Pedra Polida

O Aprendiz recebe, simbolicamente, uma Pedra Bruta que deve desbastar, apresentando como obra-prima um cubo ou hexaedro, a Pedra Polida, a fim de obter um aumento de salário. Uma vez desbastado pelo Aprendiz, o cubo é confiado aos Companheiros, que têm por missão poli-lo, tornando-o perfeito.

Ao atingir o aperfeiçoamento desejado, o Aprendiz tem a sua frente a Pedra Polida, resultado do seu trabalho; ao alcançar o ponto de aperfeiçoamento no Grau, está apto a galgar o Grau de Companheiro.

A Pedra Polida é o material perfeitamente trabalhado, de linhas e ângulos retos, que o Compasso e o Esquadro delinearam de acordo com as exigências da Arte Real.

A Pedra Polida passará a ser trabalhada por quem tenha as mãos adestradas e que saiba manejar o buril, dando-lhe forma definida e bela; o objetivo é colocar na Loja a Pedra Polida com a forma de uma pirâmide, no entanto, qualquer escultura, mesmo uma flor estilizada ou um busto, constituem-se em Pedra Polida. É colocada ao pé do trono de 2º Vigilante e ergue-se de si mesma, pois uma pessoa polida é aquela que soube vencer os próprios defeitos e refletir, em si, o que adquiriu dos demais Obreiros, com humildade e proveito.

A Pedra Polida simboliza o Maçom ou homem civilizado e o emblema dos conhecimentos humanos. Diz-se simbolicamente que os Companheiros preparam e afiam as ferramentas do Mestre sobre a Pedra Cúbica e, de fato, é exata essa alegoria, porque a Pedra Cúbica encerra todos os conhecimentos que precedem a uma perfeita instrução e podem-se traçar com ela as figuras geométricas. Essa pedra é um dos emblemas mais interessantes e instrutivos da Maçonaria e constitui uma de suas bases essenciais.

Os Meios de Reconhecimento

As tradições maçônicas, apoiadas na autoridade dos textos sagrados e nas obras dos autores mais eminentes da Antiguidade, assim como no irrevogável testemunho de grande número de monumentos, cujos vestígios, desafiando a inclemência do tempo, através dos séculos, têm chegado até nossos dias, nos ensinam que naquelas remotíssimas idades, certos homens escolhidos e virtuosos, amigos da ciência, do progresso e do bem-estar de seus semelhantes, se reuniam formando um corpo especial em comunidades distintas para se dedicarem aos altos fins do seu humanitário instituto.

Esses iniciados se dividiam em várias classes e hierarquias e tinham Sinais, Toques e Palavras especiais de reconhecimento, cujo significado só podia comunicar-se pela iniciação.

O Sinal, o Toque e a Palavra, que permitem aos Maçons o reconhecimento entre si, têm por base o número três, correspondente aos três pontos formados pelo Esquadro, Nível e Prumo.

O uso da palavra é o principal fator de propaganda, ensino e reconhecimento da Ordem. Esse meio de reconhecimento é adotado desde o tempo imemorial pelos iniciados entre si. Essas palavras quase sempre vêm acompanhadas de sinais e de toques especiais, e recebem várias denominações, como segue: Palavra Sagrada, Palavra Semestral, Palavra de Ordem e Palavra Misteriosa e de Passe.

A Palavra Sagrada dada pelo Venerável Mestre simboliza a instrução ensinada individualmente a cada um dos Maçons pelo espírito da verdade. A palavra sagrada que se dá ao novo iniciado é o símbolo da instrução sobre os princípios da Verdade que cada Aprendiz tem o direito de conhecer.

A Palavra Sagrada tem três sentidos. O primeiro é exterior. Determina certos ensinos por meio do símbolo, das cerimônias e alegorias, assim como as religiões têm seus ritos, obrigações externas e a ciência têm o método experimental com as propriedades exteriores das coisas. O segundo sentido é esotérico, o qual por meio da reflexão individual pode levar ao conhecimento da Verdade, à Doutrina Interior que se oculta no simbolismo e nas formas externas. O terceiro é o sentido místico ou entendimento secreto da Verdade, apresentada por alegorias e símbolos.

O objetivo da Maçonaria é preparar e ensinar o intelecto a se comunicar com seu próprio e único mestre "Eu sou", que está ávido por instruir e iluminar o homem. O Primeiro Grau de Aprendiz tem o privilégio de desenvolver o poder do Verbo sábia e conscientemente no iniciado.

O sinal é um dos meios mais poderosos que tem o Maçom para se fazer reconhecido e também para provar o Grau possuído. Os sinais, junto aos toques, constituem uma linguagem muda e eloquente que tanta admiração causa aos profanos e tantas preocupações dão aos inimigos da Maçonaria.

A adoção de sinais, como meio de reconhecimento e de comunicação entre os iniciados, vem já dos tempos em que foram instituídos os primeiros mistérios.

Toques são sinais maçônicos de reconhecimento e podem determinar o Grau possuído, os quais vão sempre acompanhados de palavras sagradas, de passe e de reconhecimento. Cada Grau tem um toque especial e alguns possuem vários toques. Os toques para os Maçons que estão em contato são mais eficazes que o sinal, porque se podem dá-los com dissimulação e segurança fora das vistas dos que não pertencem à Ordem.

O toque geral ou universal de Aprendiz é antiquíssimo e vem das antigas corporações ou confrarias alemãs que usavam para reconhecimento. Entretanto, caberá ao Maçom discernir a ocasião e a necessidade de se utilizar dos meios de reconhecimento para evitar que se propaguem aos profanos.

O Aprendiz Maçom, enfim, deve trabalhar e estudar para adquirir o conhecimento do simbolismo do seu Grau e sua aplicação e interpretação filosófica, a esse trabalho dá-se o nome de "desbaste da Pedra Bruta". Por isso, tão cedo o Irmão tenha recebido a primeira luz e o Orador tenha completado a sua instrução, o Venerável Mestre dispõe que entre imediatamente em atividade, começando por verificar o seu primeiro trabalho.

O Experto ou Mestre de Cerimônias o acompanham então até a Pedra Bruta e, entregando-lhe o Malho, ensinam-lhe a dar três golpes misteriosos com os quais deverá chamar no futuro as partes dos Templos, explicando-lhe ao mesmo tempo o seu significado, que é: "Busca e Encontrarás" (bate e serás atendido); "Chama e te abrirão" (pede e receberás) e "Pede e te darão" (procura e encontrarás).

A Tarefa Concluída

Na tarefa de desbastar as arestas e asperezas da Pedra Bruta, deve o neófito lembrar que, para se tornar elemento útil à construção do edifício que à Maçonaria compete erigir, necessita apoderar-se das virtudes e lutar para se afastar dos vícios mundanos.

A virtude é uma energia da alma aplicada à prática habitual do bem, da justiça e do dever. É um impulso natural para o que é honesto; é a força de vencer as paixões, a arte de mantê-las em equilíbrio e de se comportar nas grandes alegrias. É o hábito das boas ações e de viver de acordo com a razão aperfeiçoada, que sempre obriga a fazer o bem; é o triunfo da vontade sobre os desejos, o sacrifício de si mesmo e do próprio bem-estar em favor de outrem; é a preferência do interesse geral ao pessoal; é o império da alma sobre o corpo; o amor da Ordem, da harmonia, do belo; é a Filosofia e a Maçonaria em ação; e é o culto mais excelente que se possa prestar a Deus. Não pode existir amizade sem virtude. Não pode haver virtudes públicas sem virtudes particulares. O único meio de tornar um povo virtuoso é fazê-lo livre e feliz.

Podemos dizer que se recebe o neófito como Pedra Bruta, para lhe mostrar que, em seu ser moral, deve desbastar as arestas e as asperezas que ainda existem, a fim de se tornar elemento útil à construção do Templo.

Embora simbólica, essa construção não será feita com qualquer argamassa, mas com o aproveitamento de nossa ação e de nosso trabalho, exercidos nos corações humanos, onde existem imperfeições do erro e asperezas do orgulho e da vaidade, para que os homens saibam que a liberdade de consciência só será útil quando a razão dominá-los e guiá-los, sem sacrificar os nobres instintos da consciência. A Maçonaria colocou os elementos que irão servir ao seu ressurgimento espiritual, ou melhor, à transformação moral por que tem de passar.

A Maçonaria despertou sua natureza moral que, por meio de alegorias, símbolos, provas e revelações misteriosas, pretende ensinar com zelo e devotamento pela Humanidade e pela Pátria; todos poderão abrir o caminho da perfeição moral para admissão entre os eleitos.

9. Segunda Instrução de Aprendiz Maçom

O Painel da Loja

Como dissemos, chama-se painel um quadro de pano, oleado, couro, etc., no qual são pintadas, gravadas ou bordadas as figuras que servem para a instrução maçônica. É exposto depois de aberta a Sessão e fechado ao serem encerrados os trabalhos.

Os ingleses chamam-no de "Tábua de Delinear", simbolizando a prancheta sobre a qual o Mestre traçava linhas e delineava desenhos.

Nas Lojas Primitivas, o Cobridor desenhava sobre o assoalho do local da reunião um paralelogramo e, dentro dele, alguns símbolos maçônicos que depois o Candidato devia apagar. Posteriormente, algumas Lojas aboliram este método, adotando objetos de metal para representar os símbolos, colocando-os no assoalho e sobre os quais eram feitas as instruções do Grau.

O Painel da Loja representa o caminho que Maçom deve trilhar o para atingir o ideal maçônico, a palavra perdida, o aperfeiçoamento moral para chegar a Mestre e aspirar a um lugar na Câmara do Meio.

No Painel da Loja se condensam todos os símbolos que devem conhecer um aspirante a galgar Graus da Maçonaria. Sem dúvida, representa o conjunto de símbolos e alegorias que em cada Grau o Maçom deve aprender e compreender.

O Painel de Aprendiz é como a Loja de forma quadrilonga; simbolicamente, seu comprimento é do Oriente ao Ocidente; sua largura, do Norte ao Sul; o que quer significar os pontos cardeais inscritos nos lados do Painel. A sua profundidade, da superfície ao centro da terra, e sua altura da Terra ao Céu, simbolizando o Pavimento e a Abóbada Celeste. Isso significa a extensão da Loja, que é a universalidade da Maçonaria e mostra, também, que a caridade (amor) do Maçom não tem limites, a não ser os determinados pela prudência.

A Orla Dentada

O Painel de Aprendiz é circunscrito por uma Orla Dentada, também figura em todas as Lojas circundando o Pavimento Mosaico. Simboliza a união que deve existir entre todos os homens, particularmente entre os Maçons, quando o amor fraternal dominar todas as nações e todos os corações. Mostra-nos o princípio de atração universal, significando o amor e representando, da mesma forma, com os seus múltiplos dentes, os planetas que gravitam ao redor do Sol, os povos reunidos em torno de um chefe, os filhos reunidos em volta do pai; enfim, os Maçons unidos e reunidos em torno da Loja, cujos ensinamentos e moral aprendem para espalhá-los aos quatro cantos do Orbe. Simboliza os laços fraternais pelos quais todos os Maçons são unidos. É a fraternidade que reúne todos os Maçons, sendo assim uma reprodução material e permanente da Cadeia de União.

As Virtudes Cardeais

Em cada um dos cantos do Painel, há quatro borlas (botões dos quais pendem fios em forma de campânula), significando as quatro virtudes cardeais: **Temperança, Justiça, Coragem** e **Prudência**.

A TEMPERANÇA

A **Temperança** é considerada importante virtude cardeal, só tem por objeto a moderação nos prazeres dos sentidos. Porém, de um ponto de vista mais geral, aparece sendo a regra, a medida e a condição de toda virtude. Sem ela, a prudência vira astúcia, a sabedoria carece de medida, a fortaleza excede-se em seu fim e a própria justiça raia pela iniquidade. Os elementos da temperança são: a moderação e a honestidade. Os atos pelos quais se exerce a temperança são os que correspondem às virtudes de continência, reguladora das paixões violentas ligadas à sexualidade; de humildade, que modera os desejos de grandeza e as vãs esperanças de mansidão;

de clemência, que afasta os desejos de vingança; de modéstia, que regula o comportamento interior.

A JUSTIÇA

A **Justiça** consiste em uma vontade firme e constante de respeitar todos os direitos e de cumprir todos os deveres. Os Elementos da Justiça consistem em evitar o mal e em fazer o bem. O primeiro tem por contrário a transgressão, e o segundo, a omissão. A Justiça pode ser geral e particular. A Justiça Geral é a forma das virtudes, nisso subordinando todos ao seu fim, que é o bem comum. É conhecida como Justiça Legal ou Social; por ela é que o homem obedece à lei, a qual ordena os atos de todas as virtudes ao bem comum da sociedade. A Justiça Particular é a que concerne ao bem particular dos indivíduos, pode ser: comutativa e distributiva. Os atos da virtude de Justiça correspondem aos diferentes deveres que a razão prescreve, seja para com Deus (virtude de religião), seja para com os pais e os superiores (piedade filial), seja para com o comum dos homens (Justiça Estrita). Compreende o respeito das pessoas (amor e amizade), o respeito da verdade (veracidade), das promessas e dos contratos (fidelidade), a gratidão, a liberalidade, a equidade.

A CORAGEM

A **Coragem** (Fortaleza) é a firmeza da alma contra tudo o que a molesta neste mundo. É a virtude que faz vencer as dificuldades e os perigos que excedem a medida comum e sofrer com paciência as penas mais duras. A fortaleza resulta de quatro virtudes secundárias: a **magnanimidade**, a **magnificência**, a **paciência** e a **perseverança**. A magnanimidade concita aos grandes empreendimentos, não pelo proveito ou pela honra que podem trazer, mas em razão da sua excelência e a despeito das suas dificuldades. A magnificência compraz-se em realizar, sem recuar diante das maiores dificuldades, as grandes obras que a magnanimidade concebe. O mesmo não se dá com a paciência e com a perseverança, pelas quais o homem não se assusta nem com as penas ou tristezas, nem com as tardanças nem com o trabalho. A perseverança vai sempre adiante e a paciência nunca recua.

A PRUDÊNCIA

A **Prudência** é a reta noção daquilo que se deve fazer, já que ela é uma virtude da razão prática ordenada à direção da conduta. O seu objeto é o agir humano. Assim compreendida, a prudência, ao ter como fim primeiro tornar boa a vontade, é, portanto, essencialmente uma virtude da razão, pela qual o homem sabe o que é preciso fazer ou evitar. A Prudência pode ser: privada (pela qual cada um dirige a si mesmo) e pública (virtude própria do chefe e serve para o governo da sociedade).

As virtudes cardeais são os centros em torno dos quais se ordenam todas as outras virtudes morais. Entretanto, essas virtudes devem estar no convívio de todos, principalmente dos Maçons, para que possam reunir condições de se aperfeiçoar e adquirir novos ensinamentos, procurando desbastar as deformações da Pedra Bruta.

A Abóbada Celeste

Seguindo a descrição do Painel de Aprendiz, verificamos na parte superior a **Abóbada Celeste**, contendo o Sol, a Lua e sete Estrelas. A Abóbada representa o firmamento celeste, as causas primeiras e a harmonia ativa de que se compõe o Universo. É o símbolo da universalidade da Maçonaria e de sua transcendência, porque o céu estrelado é sempre um convite à meditação favorecida pela quietude e pelo profundo silêncio, que conduz à paz e à tranquilidade do espírito.

Maçonicamente, é o teto dos Templos, onde são artisticamente reproduzidos os astros principais; considerando que no Grande Templo de Salomão não havia um teto construído, a reprodução artística do firmamento significa a abstração da parte material.

Os Templos Maçônicos atuais foram inspirados nas abóbadas da Idade Média, como a da Santa Capela, de Paris, cuja abóbada é estrelada a ouro. O Templo simboliza o Cosmos e, obviamente, o firmamento lhe faz parte relevante. Claro que na reprodução dos astros são selecionadas apenas algumas constelações, além do satélite natural, a Lua, e do grande luminar, o Sol. Assim, teremos o Astro Rei colocado à frente do Trono do Venerável Mestre; sobre o Altar do 1º Vigilante, a Estrela Flamígera. Na parte central da Abóbada, as estrelas da Constelação de Órion; entre estas e o Noroeste estão as Plêiades, as Híades e Aldebaran; entre Órion e o Nordeste, vemos Regulus, da Constelação de Leão; ao Norte, a Ursa Maior; a Noroeste, Arcturus; a Leste, Spica da Constelação de Virgem; a Oeste, Antares; ao Sul, Formalhaut.

O Sol

O **Sol**, particularmente, é o símbolo da majestade, da religião, da vida, da luz intelectual. É o reservatório central de vida, luz, amor, poder e sabedoria. O Sol é o centro do sistema planetário, representa assim as energias positivas, regentes do Cosmos, é o elemento masculino. O Sol é considerado a fonte de luz e o emblema da inspiração, da revelação, do conhecimento e do poder. Para o Maçom, o **Sol** representa a luz intelectual da qual está em constante procura e, também, a autoridade soberana e a verdade divina.

O **Sol** representa a faculdade de conhecer. É o símbolo visível da Divindade. É símbolo da espiritualidade, do conhecimento e da verdade. Dentro dos Templos, no Oriente, o **Sol** é um dos símbolos colocados para advertir que os Maçons estão sob os seus raios luminosos. Nas Sagradas Escrituras, é descrito que o Criador fez os dois luminares: o Sol, para iluminar a Terra durante a metade do tempo, o que denominou dia; e a Lua, para iluminar a outra metade, denominada noite.

A Lua

A **Lua** simboliza o princípio feminino, aquoso, frio e úmido, o úmido radical, o mercúrio dos hermetistas, a imaginação, a sensibilidade. A Lua significa também a constância, a regularidade, a afeição, a obediência, a evolução, a luz moral. O Sol e a Lua, que são figurados na Loja, simbolizam que o Maçom jamais está nas trevas e que seus raios devem refletir sobre aqueles que ainda se conservam na escravidão. Figuram no Painel, porque a Loja é uma representação do Universo, onde o Sol governa durante o dia e a Lua preside durante a noite. O primeiro é o rei do exército estelar, esta última é a rainha; ambos, porém, recebem o calor, a luz e a potência do Sol, que como a terceira e maior luz, o Senhor do Céu e da Terra, controla a ambos.

As Estrelas

As **Estrelas** simbolizam o firmamento, significando a universalidade da Maçonaria, e dão ao homem uma grande quietude e notável serenidade de espírito. Outro fato importante é a quantidade de Estrelas, ou seja, o número, que são sete, o número sagrado de todos os símbolos, porque representa o poder mágico em toda a sua força, isto é, o espírito dominando a matéria. O número sete é o símbolo da vida. Com o número sete, o iniciado domina as duas forças da alma e do mundo, afirma-se em sua trindade, reina sobre os quatro elementos, coroa-se no pentagrama, equilibra-se com os dois triângulos, rege o desenvolvimento do homem e os acontecimentos do mundo, material e moralmente. Simbolizam, também, os planetas e o candelabro de sete velas de grande significação para a Maçonaria.

O Pavimento Mosaico

Na parte inferior do Painel, vemos o Pavimento Mosaico, que é um dos ornamentos da Loja, sendo constituído por ladrilhos alternadamente pretos e brancos, formando um verdadeiro tabuleiro de damas, que tem um simbolismo muito importante. Significa as classes, as opiniões e os sistemas religiosos que se confundem na Maçonaria, sendo o emblema da estreita união que deve existir entre todos os Maçons, apesar da diferença de nacionalidade, de temperamento, de raça e de ideias. Enquanto o ladrilho branco é o emblema da alma pura do iniciado, o preto é dos vícios e das paixões a que está sujeito o profano. Representa, ainda, o bem e o mal que estão semeados no caminho da vida e os contrastes apresentados pelas coisas do mundo: positivo e negativo; ativo e passivo; luz e trevas. Indica também o Espírito e a Matéria; a virtude e o vício, e proclama a fusão das raças e a unidade da espécie humana, suscetível de aperfeiçoamento, seja qual for a raça do indivíduo ou a sua origem. No Painel, o Pavimento toma toda a superfície inferior sobre a qual repousam os demais utensílios, como as três Colunas.

As Três Colunas

As três Colunas, das três grandes ordens arquitetônicas gregas: Dórica, Jônica e Coríntia, são as que simbolicamente sustentam a Loja.

As três grandes Colunas denominam-se **Sabedoria, Força e Beleza**.

A **Coluna Jônica**, mais esbelta, com uma base e um capitel trabalhado com quatro volutas, era para os gregos a representação da Sabedoria.

Na Maçonaria representa, também, a **Sabedoria** do Venerável Mestre, que, por sua vez, senta-se na cadeira de Salomão; porque o Rei Salomão teve a sabedoria de construir, completar e dedicar o Templo de Jerusalém ao serviço de Deus. Também, porque o Venerável Mestre deve orientar a sua Loja e seus Obreiros com Sabedoria. E, finalmente, o Maçom deve orientar-se no caminho da vida com bastante sabedoria.

A **Coluna Dórica**, a mais forte, sem base e com um capitel simples, mas de alta plasticidade, é a coluna clássica da arquitetura grega, era a personificação do homem, sendo, por isso, assinalada ao 1º Vigilante, responsável pela Coluna da **Força**.

A **Coluna da Força** é representada pelo 1º Vigilante, que reflete a força que o rei de Tiro, Hirão, usou para conseguir a construção material do Templo; simboliza a força que o Maçom prescinde para suplantar as dificuldades e os reveses da vida.

A **Coluna Coríntia**, com um capitel de maior gaciosidade plástica, é a representação da **beleza**, assinalada ao 2º Vigilante, responsável pela Coluna da Beleza.

A **Coluna da Beleza** é representada pelo 2º Vigilante, que espelha Hiram Abiff por seu delicado trabalho de ornamentação do Templo. Significa, também, a beleza que adorna todas as ações do Maçom, para seu aperfeiçoamento e progresso. A essas três Colunas deram-se os nomes das ordens de arquitetura: a Jônica, para representar a Sabedoria; a Dórica, significando a força; e a Coríntia, simbolizando a beleza.

As três Colunas mestras estão dispostas de maneira a formar um triângulo, símbolo máximo da perfeição e do equilíbrio, representando, como já dissemos, os três mundos: o mundo físico ou natural, simbolizado pela Coluna da Força; o mundo espiritual ou metafísico, correspondendo à Coluna da Beleza; e o mundo divino ou religioso, expresso pela Coluna da Sabedoria, representando a onipotência, a onisciência e a onipresença do Grande Arquiteto do Universo.

Todo esse simbolismo nos indica que, na obra fundamental de nossa construção moral, devemos trazer para a superfície, para a luz, todas as possibilidades das potências individuais, despojando-nos das ilusões da personalidade. E, nesse trabalho, só poderemos ser sábios se possuirmos força, porque a Sabedoria exige sacrifícios que só podem ser realizados pela força, mas ser sábio com força, sem ter beleza, é triste, porque é a beleza que abre o mundo inteiro à nossa sensibilidade. Assim, somente com a união das três poderemos atingir os nossos ideais.

As Joias Móveis e Fixas

Espalhados por diversos pontos do Painel de Aprendiz estão os utensílios de uso do iniciado, no aprimoramento de sua personalidade. Junto às Colunas, notamos o **Esquadro**, o **Nível** e o **Prumo**.

O ESQUADRO

O **Esquadro** é o símbolo da retidão, exprime que o homem deve sujeitar suas ações a essa qualidade, constituindo a virtude que deve existir em todo homem de bem. Simboliza também a equidade e a justiça.

O **Esquadro** simboliza a equidade, a justiça, a retidão de caráter; esotericamente, representa a matéria ou o corpo físico.

Retidão é a qualidade do que é reto, tanto no sentido físico quanto no moral e ético. Assim, a retidão física, emanada do Esquadro, corresponde à retidão moral, caracterizada pelas ações de acordo com a lei, com o direito e com o dever, é a virtude de seguir retamente, sem se desviar, a direção indicada pela equidade.

O **Esquadro** significa para o Maçom a retidão na sua conduta, na sua ação, sendo o emblema da perfeição de sua obra e de seu caráter. O **Esquadro** representa a retidão moral e virtude, fixidez e estabilidade, enfim, é o emblema da moralidade.

O NÍVEL

Instrumento para comprovar a perfeita horizontalidade das superfícies, simboliza a igualdade que deve sempre reinar entre os Maçons.

O **Nível** é o símbolo da igualdade maçônica a que estão sujeitos todos os Maçons, que não se distinguem por outro título senão o de Irmão. Emblema que considera todos os homens iguais perante as leis naturais e sociais. O **Nível** lembra ao Maçom que todas as coisas devem ser consideradas com igual serenidade e o seu simbolismo tem como coronário as noções de medida, imparcialidade, tolerância e igualdade, como também o correto emprego dos conhecimentos. Significa, da mesma forma, a igualdade social.

O PRUMO

Instrumento usado para medir a perfeita verticalidade de uma superfície, é o símbolo da profundidade do conhecimento, da retidão e da Justiça. Representa também o equilíbrio ou estabilidade, quando perfeitamente a prumo, sem pender para nenhum dos lados.

O Prumo é o símbolo da atração e da retidão que devem resplandecer em todos os juízos de um bom Maçom. Significa que o Maçom deve possuir tal retidão de julgamento que nenhum afeto, de interesse ou de família, deve desviar. É, também, o emblema da pesquisa, em profundidade, da base e do equilíbrio.

A Pedra Bruta e Polida

Outros utensílios bastante visíveis existem no Painel, são as pedras: a Bruta e a Polida.

A **Pedra Bruta** é onde os Aprendizes começam o seu trabalho, retirando-lhe as arestas e desbastando-a até que seja julgada polida. Cada Aprendiz terá, simbolicamente, uma tarefa diversa a executar, dentro de sua capacidade e habilidade. A Pedra Bruta é o material retirado da jazida, no estado natural, para que mediante um cuidadoso e programado trabalho tome a devida forma para ser colocada no edifício que abrigará o Templo. Representa a inteligência, o sentimento do homem no estado primitivo, áspero e despolido, e que nesse estado se conserva até que dirigido pela mão sábia do Mestre, e pela sua força de vontade e fé, pela autorrealização possa ser apresentado à sociedade como indivíduo merecedor de nela ingressar.

A **Pedra Bruta** está ao lado do trono do 1º Vigilante, representando o Aprendiz que necessita retirar de si mesmo todas as imperfeições e defeitos (arestas) que o tornam bruto e disforme. Sem habilidade e orientação não conseguirá, a não ser fragmentar a pedra em outras porções, sempre brutas e disformes. É a representação da cegueira e da ignorância, das paixões humanas indomáveis, do pensamento livre e da teimosia, do mau gosto e o individualismo egocêntrico, como afirmamos anteriormente.

A **Pedra Polida** é o material perfeitamente trabalhado, de linhas e ângulos retos, que o compasso e o esquadro delinearam de acordo com as exigências da Arte Real. A Pedra Polida passará a ser trabalhada por quem tenha as mãos adestradas e que saiba manejar o buril, dando-lhe a forma definida e bela; a Pedra Polida representa, em suma, o saber do homem no fim da vida, quando aplicou atos de piedade e virtude, verificáveis pelo esquadro da palavra divina e pelo compasso da própria consciência liberta.

Sobre a Pedra Bruta, encontramos o **Maço** e sobre a Pedra Polida, o **Cinzel**, sem dúvida, os principais utensílios do Aprendiz Maçom. O **Maço** é o símbolo da força dirigida ou controlada, representa a aplicação específica do poder ou da energia em determinado ponto, de maneira repentina e resoluta, a fim de lograr um resultado definido. O **Maço** simboliza a vontade ativa do Aprendiz, firme e perseverante. É o símbolo do espírito que, unido à inteligência, age sobre a força material, serve para suprimir os obstáculos e as dificuldades. É o emblema da Lógica, sem a qual não pode haver raciocínio, e pela qual se pode conhecer qualquer ciência.

O **Cinzel** é o símbolo da escultura e da arquitetura. Representa a inteligência, porque, sem ele, o artista lavra o mármore, simbolizando progresso humano, a razão, o julgamento. É o emblema do senso crítico, do discernimento na investigação e deve, sob os golpes do Maço, afastar o supérfluo, corrigir os erros e a justa aplicação da sabedoria. O **Maço** e o **Cinzel** serão utilizados para desbastar as asperezas e arestas que encontramos em nosso caráter (Pedra Bruta) para, uma vez polidas, apurar as qualidades de nossa alma, na prática das virtudes maçônicas.

A Régua

Entre a Pedra Bruta e a Pedra Polida sobre o mosaico, encontramos a **Régua**, outro utensílio muito importante para o Aprendiz. A **Régua** serve para medir e delinear os trabalhos, medindo o tempo e esforço a despender e apreciar as 24 horas na meditação, no trabalho e no descanso físico e espiritual.

A **régua**, em linguagem figurada, representa os princípios, as máximas, as leis, as regras, enfim, tudo o que, em uma palavra, serve para delimitar, dirigir, e alude às regras da Moral, do Dever, da Urbanidade, da Justiça, dos usos e costumes e das normas estabelecidas pelas leis humanas. Representa a retidão de conduta e dos princípios maçônicos que devem ser observados pelos Maçons.

Para o Aprendiz, quer simbolizar o critério em medir o tempo e a judiciosa distribuição do tempo, representando também o emblema do aperfeiçoamento e da retidão. Simboliza, igualmente, a precisão na execução, a obrigação, a pontualidade e a exatidão.

Finalmente, significa o aperfeiçoamento constante, a retidão, a lei, a moralidade e o dever.

O Livro da Lei

No centro do Painel observamos o Altar dos Juramentos, sobre o qual repousa o Livro da Lei ou Sagrado. O **Livro da Lei** é o símbolo da lei moral que cada Maçom deve respeitar e seguir; representa a Filosofia que cada uma adota, ou a Fé que anima e governa os homens. É a palavra do Grande Arquiteto do Universo, o Livro Sagrado, guia do Maçom para a Verdade, conduz os seus passos para a Felicidade, indicando-lhe todos os deveres a que o homem é obrigado. O Livro da Lei representa o código moral, que nada mais é do que a palavra de Deus, o Verbo.

O Círculo com um Ponto no Centro

No altar notamos a inscrição de um **círculo** com um ponto dentro. O **círculo** é o limite dos deveres do homem para com Deus e com os demais homens. Caminhando em torno desse **círculo**, teremos necessariamente de tocar as linhas paralelas, assim como no Livro da Lei. Enquanto um Maçom se conservar assim circunscrito, não pode errar. O **círculo** é limitado ao Norte e ao Sul por duas linhas paralelas, uma representando Moisés e a outra o Rei Salomão. O ponto central é o homem, que simboliza também o Infinito, Deus e a Criação, a Terra e o Universo. No ponto, nós estamos em Deus e Deus está em nós; não somos deuses em igual potência, mas limitados pelo círculo.

Profanamente, o **círculo** é o ponto central que representa o Sol. O **círculo** entre paralelas tangenciais é havido como uma das alegorias integrantes do Altar dos Juramentos. No Painel alegórico do Grau de Aprendiz, pode notar-se um altar pequeno e quadrado, com um círculo entre paralelas, na face frontal. O **círculo** é o Sol. As paralelas representam Moisés e Salomão e, tradicionalmente, João Batista e João Evangelista. De forma simbólica representam os Trópicos de

Câncer e de Capricórnio. Quanto às paralelas tangenciais, houve duas correntes doutrinárias. Uma, a antiga, preconizava que elas representavam João Batista e João Evangelista, cujas datas correspondem a 24 de junho e a 27 de dezembro, dias maçônicos tradicionais desde os antigos pedreiros livres, os quais festejavam os dois santos, realizando também grandes reuniões gerais. As Grandes Lojas mantêm essa tradição que, aliás, já existia na época de trabalhadores, agricultores e construtores romanos, os quais celebravam o verão que, no Hemisfério Norte, ocorre a partir de 21 de junho, assim como comemoravam o "renascimento" do astro rei, em fins de dezembro, no inverno. Como vimos, essa prática reinava também entre os persas. O Cristianismo e, por ele, os pedreiros cristãos teriam apenas modificado o significado astral das duas datas.

A outra corrente, por sua vez, fundada no Velho Testamento, preferia que as paralelas correspondessem a Moisés e Salomão. Essa versão passou a dominar no simbolismo maçônico universal, embora ainda certas Lojas do mundo continuem a manter João Batista e João Evangelista representados nas duas paralelas. De fato, Moisés e Salomão são figuras fundamentais no simbolismo do Grau de Aprendiz, principalmente pelo fato de representarem, respectivamente, o líder e o construtor.

Ora, a Maçonaria é uma escola de líderes e de construtores sociais. Moisés foi o chefe e o libertador que impôs ao seu grande povo o governo da lei e não dos homens. Quanto ao rei-sábio, o que mais importa é que Salomão, filho de Davi, demonstrou notável sabedoria. É por essa razão que, em Loja maçônica, ele é representado pelo Venerável Mestre. Além disso, coube a ele construir o Templo. Essa graça não fora concedida a seu pai, que manchara as mãos de sangue.

Ainda, o **círculo** representa o Sol, adorado através dos tempos e, afinal, havido como glória do Grande Arquiteto do Universo.

As instruções maçônicas inglesas esclarecem que em: "... toda Loja regular, bem formada e constituída, existe um ponto dentro de um círculo pelo qual um Maçom não pode errar; esse círculo é limitado entre o Norte e o Sul por duas grandes linhas paralelas, uma representando Moisés, a outra o Rei Salomão".

Outro autor diz: "ao mesmo tempo, esta frase um ponto dentro de um círculo é o caminho do Maçom com referência a Deus, embora ele a use para dizer a respeito de Deus que o centro está em toda parte e a circunferência em nenhuma".

O **ponto no centro do círculo** representa o Ser Supremo; o círculo denota o deslocamento anual do Sol, e as paralelas assinalam os solstícios entre os quais aquele deslocamento está limitado. O Maçom, ao sujeitar-se aos devidos limites, imitando o Sol, não haverá de se afastar do dever.

Sem dúvida, o **círculo** entre as linhas paralelas simboliza o limite que o Maçom pode manejar na abertura do compasso para nortear sua conduta dentro do Livro da Lei.

Sobre o Livro da Lei, encontramos o Compasso e o Esquadro, colocados no Grau de Aprendiz. O **Compasso** e o **Esquadro** unidos simbolizam a medida justa que devem ter as ações dos Maçons, conservando-os na Justiça e na Retidão. O **Esquadro** representa a Justiça e a Gratidão. Seu ângulo reto simboliza a irrepreensível conduta que o Maçom deverá manter, sempre, perante a sociedade, pautando todos os seus atos dentro da mais absoluta retidão e equidade no trato de seus semelhantes. Assim, o Maçom aprende a se servir do Esquadro para submeter todas as suas ações, em justas medidas da razão e da lei moral; corrigindo os defeitos, poderá construir um Templo à Moral.

O **Compasso** é o emblema da sabedoria, representa a medida justa que deve presidir todas as nossas ações, e simboliza as radiações da inteligência e da consciência do homem. As pontas do compasso estão ocultas sob o **Esquadro**, significando que o Aprendiz está trabalhando na Pedra Bruta. Embora consciente da existência do Compasso, não o pode usar enquanto sua obra não estiver perfeitamente acabada, polida e esquadrejada.

A Escada de Jacó

Ainda apoiada sobre o Livro da Lei vislumbramos a **Escada de Jacó**. O livro aberto simboliza que a verticalidade parte da palavra de Deus, portanto, uma palavra dentro da esquadria e do compasso que capacita a construção do círculo. O simbolismo da **Escada de Jacó** foi extraído do sonho de Jacó (Gênesis – 28, 10-18): "Viu em sonhos uma escada posta sobre a terra, cujo cimo tocava o céu, e os anjos de Deus subindo e descendo por ela...".

Maçonicamente, a alegoria da Escada no Painel de Aprendiz é a possibilidade de ascensão do Aprendiz, que deverá galgar os degraus superiores com seu aperfeiçoamento. Será para o Maçom o caminho da perfeição, pelo qual, e só por meio disso, se atinge a morada do Senhor e a Perfeição. Significa também a ligação espiritual com Deus. Para os místicos, a **Escada de Jacó** simboliza o ciclo evolutivo e involutivo da vida, em seu perpétuo fluxo e refluxo por meio do nascimento e da morte, a se desdobrar em hierarquia de seres, potestades, mundos, reinos da vida e raças.

As Virtudes Teologais

Na Maçonaria Primitiva, a Escada de Jacó compreendia apenas três degraus, significando as virtudes: **Fé – Esperança – Caridade** (amor ao próximo). Eram representadas pela cruz, pela âncora e pelo cálice com um braço estendido. Posteriormente, mais quatro degraus foram acrescentados, representando as virtudes cardeais: **Temperança, Fortaleza, Prudência** e **Justiça**. O que quer dizer: somente com esses sete requisitos se conseguiria o aperfeiçoamento.

A **Escada de Jacó** simboliza o único caminho para o Maçom atingir o êxtase total, a plenitude, entretanto, deve mais uma vez superar os obstáculos que encontra em sua ascensão pela fé renovadora, identificada pela cruz.

A **Fé** é um dos elementos da trilogia cristã: Fé, Esperança e Caridade, que constam como símbolos colocados sobre a Escada de Jacó, no Painel de Aprendiz.

A **Fé** expressa a crença em alguma doutrina, princípio ou ensinamento. Todos os atos litúrgicos maçônicos exigem do Maçom sinais sucessivos de Fé. A doutrina maçônica não é apriorística nem experimental, apesar disso, a **Fé** é o impulso que anima o Maçom na caminhada em busca de sua autoperfeição.

Em Teologia, a **Fé** é a expressão da crença, ato lógico e fundamental da razão humana. É a primeira das virtudes teologais, aquela pela qual cremos em todas as verdades que Deus revelou e que a Igreja propôs à crença, contidas na Bíblia ou ensinadas pela tradição. O cristão é, por sua vez, obrigado a confessar a sua **fé** publicamente, mesmo com perigo de vida, se o quiserem constranger pela força a renegá-la.

O apóstolo Paulo dizia que a **fé** podia ser comparada a um par de muletas que auxiliam o coxo para que possa caminhar. Curada a enfermidade, as muletas são jogadas fora. A **fé** é uma disposição da alma para alcançar uma graça, uma mercê, uma benesse; alcançada esta, já não será mais necessária, sendo posta de lado.

Entende-se por **fé** o ato que expressa a primeira resposta do homem ao apelo divino da graça. A **fé** significa a crença em Deus, toda convicção religiosa, embora esta não se apoie na revelação divina, também nesse sentido a **fé** continua sendo uma decisão livre e, portanto, moralmente importante para todo homem e, em especial, para o Maçom. Para Luis Umbert Santos, a **fé** religiosa transfere os fenômenos do mundo natural para o sobrenatural, sendo, portanto, a principal oponente do racionalismo.

Ragon diz: "a **fé** seria a virtude de crer firmemente em coisa que nem sempre está de acordo com a Natureza nem com a Razão".

Entretanto, convém aceitar que precisamos de uma fé, alguns de uma **fé** robusta. E razão assiste a Jung, quando diz que compreender os símbolos é o único caminho praticável para todos aqueles a quem não foi concedido o carisma da fé.

A cruz representa a **Fé**. Cada um deve levá-la em sua subida, com dificuldades e obstáculos a superar.

A **âncora**, além de representar a **Esperança**, significa o elemento que deve ser ultrapassado, pois a âncora tem a finalidade precípua de nos fixar à matéria.

A **Esperança** é uma das virtudes recomendadas aos Maçons, simbolizada pela âncora.

Segundo a fábula, a **Esperança** era uma divindade que se supunha irmã do Sol e de Marte, porque o primeiro alivia e consola as penas e o segundo põe termo a elas. Ficou só na caixa de Pandora para mostrar que a **Esperança** é a última que morre. Era representada sob a figura de uma formosa jovem, sorrindo com graça. Coroada de flores nascentes, com um ramo delas na mão e davam-lhe asas.

De acordo com os teólogos, a **Esperança** é a segunda das virtudes teologais, aquela que nos faz esperar de Deus, com firme confiança pelos méritos de Jesus Cristo, a graça durante a vida, o céu depois da morte. Tem por motivo a inviolabilidade das promessas divinas e por fundamento a própria palavra de Deus, conhecida pela Revelação. A

Esperança supõe a fé e não pode existir sem ela. Dois pecados são igualmente opostos à **Esperança**: a presunção que faz que o homem conte consigo e não com a graça divina; e o desespero, que consiste, para o pecador, em duvidar da bondade infinita de Deus.

Diz Luis Umbert Santos que a **Esperança** é o melhor bálsamo para um coração ferido e para uma alma dolorida, e que da dor ao desespero há um intervalo que não deve ser percorrido a todo galope... Perder a **fé** e a **esperança** é precipitar na secreta morada da morte, antes que a morte tenha a ousadia de vir até nós.

Segundo Paulo Rosen, a **Esperança** é a expressão do sentimento instintivo, que revela a certeza da perfectibilidade humana. A Esperança é, pois, o resultado da fé e da caridade. A natureza faz dela um sentimento; a mitologia, uma divindade; e a religião, uma virtude.

A âncora representa a Esperança. Quando se vive os momentos difíceis e aflitos, quando nada parece dar certo, as marés turbulentas da vida, deve-se lançar a âncora para nos fixar, não sendo arrastados pelas más correntes. Possuindo fé, teremos Esperança de dias melhores.

A **Caridade** significa amor. É a força primordial do espírito dotado de atividade volitiva, força animadora e criadora de valores.

A **Caridade** é um sentimento de amor para com outrem e ocorre em virtude de uma disposição muito viva da alma, da concepção filosófica e moral, de ideias religiosas. Fazer **caridade** não constitui, simplesmente, auxiliar outrem, mas exercer uma virtude capital com toda plenitude. Para que um Maçom revele seu caráter caritativo, faz-se necessário despertar-lhe o sentimento de altruísmo, dirigindo o seu interesse aos demais, ao próximo, aos necessitados, e isso em primeiro lugar.

Em Moral, distinguem-se os deveres de **justiça** e os deveres de **caridade**: os primeiros consistem em respeitar os direitos de outrem; os segundos em socorrer os nossos semelhantes por todos os meios de que dispomos. Deriva deste princípio que, tendo todos os homens um fim comum, por terem uma mesma natureza, somos obrigados não somente a cumprir o nosso destino, mas ainda a concorrer para o dos outros, na medida das nossas forças.

Só a **caridade**, fundada na fraternidade religiosa ou na solidariedade social, torna possível o cumprimento da tarefa comum por um mútuo concurso. Resulta disso que a dedicação é uma lei universal para todas as condições da ordem social, tanto o magistrado como para o cidadão, tanto o operário como para o soldado. Não deixa, contudo, de intervir nas relações privadas, porque todos nós temos necessidade uns dos outros e porque somos obrigados a fazer todo o bem de que somos capazes.

A **caridade** é um dos primeiros deveres do Maçom, desde os mais antigos usos e costumes da Ordem. Dessa forma, todas as Obediências Maçônicas possuem serviços de assistência. Em todas as reuniões entre Maçons deve correr o Tronco de Solidariedade ou Beneficência.

A taça representa a caridade. Em nossa busca de aperfeiçoamento, devemos praticar a caridade, no auxílio daqueles que tropeçam e caem pelo caminho, dando-lhes a mão que servirá de apoio para que se levantem. A **caridade** consiste em socorrer os fracos, os desvalidos, aqueles que não estão conseguindo carregar a sua cruz.

Como uma das virtudes teologais, a **caridade** é recomendada e ensinada em quase todas as práticas e símbolos da Maçonaria.

Considera-se que a prática da **caridade** predispõe a alma para o bem e, consequentemente, para a perfeição moral do homem, A Maçonaria a incluiu entre seus postulados. Deve ser esclarecido, no entanto, que a caridade maçônica não se exerce por meio de esmolas.

O **Cálice** representa a provação, o juízo final. Transposto esse degraus, o Maçom atinge a luz maior, a Estrela de Sete Pontas, o Grau de pentáculo da luz eterna, síntese da unidade a que respondem as sete vozes da análise; os sete anjos, com as sete trombetas, suas sete espadas, que simbolizam a absoluta luta do bem contra o mal, os sete selos do livro oculto são abertos sucessivamente e a iniciação universal se realiza porque atinge o grau máximo da perfeição.

A **Escada de Jacó**, talvez, seja o símbolo mais importante do Painel de Aprendiz, pois ela é a representação filosófica da caminhada, ou seja, o caminho de Deus, e Maçonicamente, o da Perfeição.

Assim, conclui-se que os três símbolos dispostos sobre a Escada significam que o Maçom jamais se esquecerá de depositar a **Fé** no Grande Arquiteto do Universo; a **Esperança** no aperfeiçoamento moral; e a **Caridade** (Amor ao Próximo) para com seus semelhantes. A Fé é a sabedoria do espírito, amparando-o e animando-o nas dificuldades encontradas no caminho da vida, e a Caridade é a beleza que adorna o espírito e o coração bem formado, fazendo com que, nele, abriguem-se os mais puros sentimentos humanos, possibilitando a ascensão ao topo da Escada, onde encontrará a Estrela de Sete Pontas.

A Estrela de Sete Pontas

Vê-se no Painel de Aprendiz dentro de um círculo uma Estrela de Sete Pontas, constituindo o término da Escada de Jacó. O iniciado a atinge, subindo da Terra ao Céu (do material para o espiritual) e se apossando da **Fé, Esperança** e **Caridade**, e das virtudes cardeais: **Temperança, Fortaleza, Prudência** e **Justiça**.

A Estrela de Sete Pontas representa o Mestre, que simbolicamente atingiu a perfeição humana. No Painel do Templo se encontra a Estrela no alto da Escada conducente ao céu, indicando as sete principais direções em que se move lentamente toda a vida até sua completa união com a divina, os sete raios ou emanações com que Deus encheu o Universo com a luz de sua vida. Essa estrela significa a perfeição do ser humano, os sete poderes correspondentes às sete estrelas que estão na mão direita de Deus e que podem ser adquiridos pelo Homem Perfeito, o Sonho da Vida e da Morte. Assim, estaremos aptos a achar a paz do coração, o desvanecimento do espírito, o ritmo da evolução e em comunhão perfeita e consciente com o Ser Supremo.

A Estrela de Sete Pontas representa também os sete dias da semana; os sete braços do candelabro de Moisés; as sete igrejas da Ásia; os sete selos misteriosos; o ponto de união dos triângulos nos planos: finito e infinito.

A Estrela de Sete Pontas é a representação daqueles que atingiram a perfeição humana – o que já elucida o porquê de estar colocada sobre a escada da evolução humana, a Escada de Jacó. Postada sobre a escada conducente ao céu, a Estrela de Sete Pontas indica as sete principais direções em que se move a vida, até sua completa união à Divindade. Também é vista como o centro dos sete raios ou emanações com que Deus encheu o Universo com a luz de sua Vida – sete períodos ou dias simbólicos. A Estrela pode ser a representação dos sete espíritos ou ministros diante do trono do Senhor, ou dos sete poderes misteriosos adquiridos pelo Homem Perfeito, o Senhor da Vida e da Morte.

10. Terceira Instrução do Grau de Aprendiz Maçom

A Iniciação

Ao iniciarmos as explicações da terceira instrução de Aprendiz, cumpre-nos esclarecer alguns conceitos importantes, como a Verdade, o Bem, o Mal e a Moral. Na acepção mais geral, Verdade designa uma igualdade ou conformidade entre a inteligência e o ser. Verdade, em sentido moral, é a conformidade das palavras com o pensamento, ou seja, a veracidade das palavras. Na Maçonaria existe uma Verdade, que é a existência do Grande Arquiteto do Universo, e de tudo que existiu, existe e existirá. O ente supremo nos atribuiu uma inteligência, com a qual devemos distinguir o Bem do Mal.

O dicionário *Aurélio* registra que a iniciação é a introdução ao conhecimento de coisas misteriosas ou desconhecidas.

As Virtudes do Maçom

Nossa inteligência, quando dotada de uma sã moral, será suficientemente forte para realizar esse discernimento entre o Bem e o Mal.

Bem é o princípio que aparece em luta com o do Mal em quase todas as teogonias e mitologias da Antiguidade, e de cuja busca se originam diversos símbolos maçônicos.

Moral é um sistema de costumes ordenado por um fim de conveniência humana. É o conjunto sistemático de normas que orientam o homem para a realização do fim delas. A Moral tem por objeto determinar as condições gerais de retidão moral dos atos humanos. Para Luis

Umbert Santos, a Moral da Maçonaria não é diferente das outras. Ele a definiu sendo a de cada povo, a de cada tempo, a de cada civilização e a de cada cultura, por isso os Maçons não estão acorrentados a uma época, nem a uma religião, nem a uma norma determinada.

Para outros, a Moral é a ciência do bem, definição que não é, contudo, bastante clara. No homem moderno, a Moral é mais o conjunto dos princípios racionais que devem guiar o homem em sua conduta. A Moral é independente dos dogmas teológicos e metafísicos, devendo ser, antes, racional e leiga, e traduzir-se pelo amor à Verdade, ao respeito da razão, ao livre exame, à sinceridade intelectual, à soberania da consciência que se impõe a todos: superstição ou credulidade simplória.

Assim, a Moral Maçônica é a moral solidária. A Maçonaria procura fazer penetrar na consciência dos Maçons a seguinte fórmula: "Faze tudo o que pode contribuir para a felicidade da Humanidade; abstém-se de fazer tudo o que pode causar prejuízo ou pena à Humanidade". Para sermos admitidos Maçons exigiu-se que fôssemos "livres e de bons costumes". Ser homem livre é não ser escravo, nem servo, nem sujeito à gleba, ser servidor assalariado, enfim, que não exerça profissão servil. Não é livre aquele que vende a consciência; aqueles que, para obterem os favores da multidão, lhe fazem mentirosas promessas; os que escrevem obras corruptoras; todos quantos especulam a ignorância ou o sofrimento dos fracos. Um homem é livre quando vive à mercê dos preconceitos. O preconceito deturpa a razão, oprime a consciência, faz com que se tome o Bem pelo Mal e o Mal pelo Bem. É a causa da idolatria e o germe de todos os despotismos. O homem de bem procura a verdade e a pratica, assim necessariamente é de bons costumes e sempre cumpre seu dever. A Maçonaria quer e ensina o bem como quer e ensina o belo, porque sabe que são fontes inesgotáveis de perfeição e bem-estar. Por isso faz da beleza ou do bem que simboliza e que lhe é inseparável uma das três colunas básicas e emblemáticas da Ordem.

O bem dos Irmãos, o bem da Pátria e o bem da Humanidade são os mais belos ideais que com afã propaga e pratica esta sublime e generosa doutrina. Em todos os seus atos e na instrução de todos os seus Graus procura, como tem procurado e procurará sempre, infiltrar isso no coração de seus adeptos.

O Mal existe em toda parte, com atrações tentadoras, mas por toda parte também há igualdade, o Bem, servindo de eixo a todas as existências sociais de amanhã. O Mal não é um princípio desconhecido, nem uma coisa sem origem, é o lado fraco de nossa natureza, o passo escorregadio da vida sensitiva. E se, manchando tronos e altares, corrompendo choupanas e palácios, invade a Humanidade, não é justo que sacrifiquemos nossa dignidade e nossa força moral às vontades da vida material.

Ser livre e de bons costumes é uma condição preliminar que se pede ao profano antes de sua admissão, é condição necessária para todo progresso moral e espiritual, de todo e qualquer avanço na trilha da Verdadeira Luz, ou seja, da Verdade e da Virtude.

Esse é o requisito principal que deve ter todo aquele que aspira a ser Maçom – porque possui liberdade ou a consideração de não ser escravo, socialmente falando; o livre uso das suas ações que lhe são indispensáveis para poder sem coação cumprir os deveres da Ordem, além da irrepreensibilidade da conduta social, é a única garantia do êxito da nova missão a que se vai dedicar.

Segundo Mackey, "na simbologia bíblica, nudez denota pecado, ato imoral, e vestido, protegido. Na Maçonaria significa não ter pretensões com relação a bens temporais ou honrarias e cargos honoríficos, que nada representam na Ordem, porém méritos internos, que não exercem influência sobre a aparência exterior do corpo, mas são recebidos como uma recomendação para a admissão".

Livre de preconceitos e dos erros, dos vícios e das paixões que embrutecem o homem e o transformam num escravo da fatalidade, o Maçom deve ter bons costumes por orientar sua vida em prol do mais justo e mais elevado ideal. Essas condições deixam latente em cada homem a qualidade de Maçom e a possibilidade de vir a ser ou ser constituído como tal, enquanto, na sua plenitude, é caracterizado por essas mesmas qualidades. Acontece, sem embargo, que com base na medida de sua liberdade interior e da orientação ideal de sua vida, o homem é e se faz um verdadeiro Maçom, obreiro da inteligência construtora do Universo.

Na preparação do Candidato são lhe retirados todos os seus objetos de valor, ou seja, tudo que denominamos "metais". A privação dos metais é, pois, o despojo voluntário da alma, de suas qualidades inferiores, dos vícios e paixões, dos apegos materiais que turbam a luz pura do Espírito; é o abandono de qualidades e aquisições que brilham com luz ilusória na inteligência e impedem a visão da Luz Maçônica, constituída pela realidade que sustenta o Universo e o constrói incessantemente. O intelectual deve, igualmente, despojar-se de suas crenças e preconceitos, para que se abra diante de seus olhos o caminho da Luz e da Verdade, que é onde se prepara para colocar os pés – as crenças e preconceitos científicos e filosóficos não são menos expressivos do que as superstições e preconceitos religiosos e vulgares.

O Maçom deve aprender a pensar por si mesmo, chegando ao convencimento e ao conhecimento direto da Verdade. De nada servem as crenças e preconceitos que constituem a moeda corrente no mundo nem as aquisições materiais, com as quais nunca se paga ou compra a Verdade, para a qual o Maçom deve chegar com o seu esforço individual.

Toda possibilidade de progresso, tanto interno como externo, reside no reconhecimento de um caminho que se apresenta como algo que está à nossa frente e no discernimento de uma determinada direção, uma meta que percebemos com maior ou menor clareza.

Nossos pés, tanto quanto nossos pensamentos que, de maneira análoga e passo a passo, parecem caminhar em certo sentido, progridem de forma espontânea e automática naquela exata direção na qual se fixa nosso olhar e nossa visão interior. Caso nosso olhar e nossa visão se fixem em algum obstáculo, dificuldade, contrariedades e condições indesejáveis, no temor ou no pressentimento de algo desagradável, não devemos, pois, maravilhar-nos de que possamos ir diretamente ao encontro desse obstáculo ou com o desejo de nossos temores.

Ainda mais, podemos observar uma percepção ou visão escura e indefinida dificultando nossa marcha e tornando nossos passos incertos e vacilantes, fazendo-nos tropeçar continuamente nas dificuldades que aparecem à frente de nosso caminho; mas se enxergamos diante de nós com toda claridade, discerniremos, perfeitamente, nosso caminho e a marcha tornar-se-á rápida, direta e segura, superando desse modo todos os obstáculos que possamos encontrar.

O mesmo sucede com nossa marcha intelectual em direção à Verdade e, mais claramente, segundo nosso progresso no caminho que deverá conduzir-nos à realização; é a mesma lei a que obedecem nossos esforços dirigidos e um objeto em particular, centro de convergência e de concentração de nossos desejos e aspirações, assim, a marcha de nosso pensamento é mais fácil, rápida e direta e, sobretudo, para vê-lo e discerni-lo com perfeita clareza.

As Provas

Na cerimônia de iniciação, o neófito passa por quatro provas simbólicas. As provas serviam nas iniciações antigas para experimentar as condições de resistência, o valor físico e qualidades morais e intelectuais dos profanos. Dividiam-se elas em físicas e morais. As físicas eram destinadas a provar a resistência material do iniciado e as morais a investigar, esquadrinhar seus sentimentos e crenças, examinar seus conhecimentos e talento. O uso das provas nas iniciações data dos primeiros dias da civilização. As mais importantes foram as iniciações nos Mistérios Egípcios e das quais a Maçonaria retirou as quatro provas: da Terra, do Ar, da Água e do Fogo, os elementos da Natureza.

A Prova da Terra (materialidade) se realiza como nas iniciações nos antigos mistérios. A cerimônia a que era submetido o Candidato representava a morte simbólica do neófito e o seu nascimento para uma vida nova. Por isso na fase inicial do procedimento cerimonial, o Candidato é encerrado, durante algum tempo, em um recinto fechado, que geralmente era uma caverna, evoluindo passou para outros locais.

A caverna, na Maçonaria, é a Câmara de Reflexão, recinto em que o profano é recolhido antes de ser introduzido no Templo para sua cerimônia de iniciação. Os símbolos e os utensílios existentes no interior da Câmara representam várias alegorias de que o profano deve lembrar-se no transcorrer de sua iniciação.

A **Câmara de Reflexão** simboliza o centro da terra donde viemos e para onde vamos, significa a busca do ego profundo, que não é outra coisa senão a própria alma humana, no silêncio da meditação.

A cerimônia de recepção, propriamente dita, do Candidato no Primeiro Grau consiste, essencialmente, nas três viagens que sintetizam de forma admirável todo seu progresso maçônico nos três Graus da Maçonaria Simbólica. Cada viagem representa um novo estado, um período diferente e uma nova etapa no seu progresso.

Para o Aprendiz Maçom, as três viagens representam a vida do homem. São realizadas para significar que não é sem dificuldade que se adquirem as virtudes e a Verdade.

Segundo Ragon, "as três viagens simbolizam as viagens feitas pelos antigos filósofos, fundadores dos mistérios, para adquirir novos conhecimentos. O número três indica os lugares em que as ciências foram cultivadas primitivamente; os sábios de todos os países viajavam até eles para estudá-los. Esses lugares eram a Pérsia, a Fenícia e o Egito".

As Viagens

A **PRIMEIRA VIAGEM** simboliza a Serenidade; é a prova do Ar, que representa também intelectualidade. Significa a vitalidade, emblema da vida humana com seus tumultos de paixões e suas dificuldades; os ódios, as traições, as desgraças que ferem o homem virtuoso; a vida humana na luta de interesses e das ambições, cheia de obstáculos aos nossos talentos. Os ruídos e trovões representam o caos, que se acredita ter precedido e acompanhado a organização dos mundos. Significam os primeiros anos de vida do homem e da sociedade, durante os quais as paixões, ainda não dominadas pela razão e pelas leis, conduzem o homem e a sociedade aos excessos. Daí a necessidade de um guia para orientar o iniciando a vencer os obstáculos nessa viagem; o barulho são as feridas e dificuldades do caminho, o choque de interesses, os espinhos das empresas, que se multiplicam a cada passo de nossa caminhada na busca da Verdade.

As dificuldades dos empreendimentos; o embaraço dos negócios; os obstáculos que se multiplicam à nossa frente; os concorrentes para nos prejudicar e sempre dispostos a nos desencorajar; os ódios; as traições, tudo isso é figurado pelo ruído e pelo barulho que ensurdecem os ouvidos em virtude da desigualdade e das dificuldades do percurso.

A Primeira Viagem se apresenta cheia de dificuldades, de riscos e perigos, completando-se no meio de fortes e variados ruídos, que representam o desencadear das tempestades e dos ventos, símbolos das falsas crenças, opiniões e correntes contrárias ao mundo, diante das quais é demonstrada pela purificação pelo Ar que ilustra essa viagem. Significa o esforço que faz o homem para adquirir conhecimento. Os perigos são os que envolvem a vida humana.

A direção dessa viagem, tanto quanto as demais, é indicada, sigilosamente, pelo guia invisível que conduz o neófito a quem deve seguir com suavidade e confiança. Essa serenidade o faz receptivo, deixando-o em condições de aprender.

O guia ensina o bom e o verdadeiro, mas o neófito necessita dominar seus desejos; a direção dessa viagem é do Ocidente para o Oriente. O Ocidente é o mundo sensível e material, ou seja, o mundo profano, as trevas, nas quais nos encontramos. O homem se encaminha pela obscura noite em busca da Verdadeira Luz no Oriente. Nem escuridão nem as terríveis dificuldades devem intimidar o iniciado e, uma vez chegado ao Oriente, mundo da luz, não deve deter-se ali;

ao contrário, deve voltar ao Ocidente com a consciência iluminada para enfrentar com mais serenidade os obstáculos e preconceitos do mundo profano. O Candidato, ao achar-se iluminado, não deve guardar sua iluminação para si, deve instruir e iluminar os demais que se encontram no Ocidente, mundo profano. O guia representa o sentido íntimo do justo, do bom e do verdadeiro, pois se trata de guia invisível e silencioso que existe em todo homem e o único que pode conduzir-nos pelo caminho do progresso.

Quanto à direção indicada do Ocidente para o Oriente passando pelo Norte, ela representa os pontos cardeais e o caminho percorrido pelos sábios da Antiguidade. Estes englobam uma das fases mais profundas e instrutivas do segredo maçônico: da mística doutrina que se esconde e se revela em seu simbolismo.

A **SEGUNDA VIAGEM** simboliza a CORAGEM. É a prova da Água, significa sensibilidade e emotividade. Essa segunda viagem difere da primeira por sua maior facilidade de execução; desapareceram os obstáculos e os ruídos violentos e deixa-se em seu lugar o tinir de espadas que os presentes fazem entrechocar-se. Esse ruído de armas representa a idade da ambição; combates que o homem virtuoso é obrigado a sustentar antes de chegar ao estado de equilíbrio. As lutas que o homem é forçado a travar e vencer para se colocar entre seus semelhantes. É o combate que o neófito tem de enfrentar contra as forças do mal.

O entrechoque das espadas é o emblema das lutas que se desenvolvem ao redor do Candidato, referindo-se também à luta individual que deve empreender com as próprias paixões, pensamentos, hábitos e tendências negativas; todo pensamento deve ser retificado, todo erro resolvido e convertido em Verdade. Indica-nos, sobretudo, a negação do erro, a luz da realidade superior, donde já se revelam os primeiros vislumbres.

A constância no bem acaba por reduzir os clamores da inveja, cujo fraco ruído mal se ouve. O temido combate de armas representa as lutas que o neófito é obrigado a travar continuamente para frear suas paixões e triunfar sobre os ataques do vício.

Esta maior facilidade é consequência direta dos esforços feitos durante a primeira viagem; à medida que aprendemos a superar os obstáculos que se encontraram em nosso caminho, estes desaparecem progressivamente, uma vez que já não há mais razão de existir, por estarem desenvolvidas em cada um de nós as qualidades que outrora nos faltavam, com a capacidade de superá-los.

O ensinamento da primeira viagem faz desta outra, uma viagem mais simples e amena, pois o Candidato sabe como superar as dificuldades, uma vez dominados os seus desejos. É a luta individual para dominar a mente, elaboradora dos pensamentos negativos. O objetivo da segunda viagem é a purificação da mente e da imaginação de seus erros e defeitos.

Essa hora incessante de transmutação, da progressiva purificação da natureza inferior que exige uma constante atenção e vigilância, é a que se refere esta segunda viagem, representando simbolicamente a Prova da Água, ou seja, aquela espécie de batismo filosófico, que constitui a raiz ou causa interna de todo mal ou dificuldade exterior. Após essa luta, o iniciado será purificado pela Água, simbolizando a purificação da alma. É o triunfo do espírito sobre a matéria.

A purificação pela Água, com a qual chegamos ao fim desta segunda viagem, é essencialmente uma purificação da imaginação e da mente, de seus erros e defeitos, constituindo-se em uma fase importante daquela grande obra de redenção e regeneração individual que a iniciação maçônica nos ensina e mostra com seu particular simbolismo.

Como complemento desses primeiros esforços, a segunda viagem indica-nos a perseverança nessa obra metódica de purificação da alma, tornando-a digna de receber ou abrir-se às suas possibilidades mais elevadas, o batismo da Água, ou seja, a negação do negativo, que deve preceder ao batismo do Fogo ou do espírito, ou seja, a afirmação do positivo que levará consigo o mais perfeito estabelecimento na Verdade.

Ao representar a segunda viagem a virtude negativa, que consiste em purificar a alma de suas paixões, erros e defeitos, verifica-se que mais do que um fim para si mesmo, constitui a necessária preparação para a etapa sucessiva indicada na terceira viagem.

A **TERCEIRA VIAGEM** simboliza a Vontade contínua, a Perseverança. É a prova do Fogo, significa o ardor e o entusiasmo. É o batismo do Fogo. Essa viagem foi ainda menos penosa do que a precedente; é a continuação da vontade em atingir o objetivo aonde o neófito deseja chegar, na busca da virtude e da Verdade. A descida do espírito, que constitui a prova e a purificação pelo fogo, elimina, mediante o uso da plena consciência da Verdade, todo resíduo de impureza, todo o restante de erros e ilusões que anteriormente dominaram a alma. Quando a Luz da Verdade aparece em toda sua plenitude, as trevas, os erros, as dúvidas e as imperfeições, instantaneamente, desaparecem.

Esta se realiza com uma facilidade ainda maior do que nas anteriores, após desaparecerem totalmente os obstáculos e ruídos, dá-se lugar aos acordes de uma música harmoniosa e profunda que até parece sair do próprio silêncio.

Ao realizar, nas profundezas de seu próprio ser, este íntimo contato com a essência fundamental que é ao mesmo tempo Verdade, Poder e Virtude, o iniciado anda agora com passo firme e seguro, não há nada que tenha o poder de modificar sua atitude ou fazê-lo desviar. Essa serenidade imperturbável que possui em si mesmo é a razão de ser e sua raiz, e na qual a alma descansa para sempre ao abrigo de todas as influências, tempestades e lutas internas, permanecendo absolutamente firme em seus esforços e em seus propósitos, evidência de que a prova simbolizada na terceira viagem tem sido superada e o iniciado transporta esse acesso dentro de si mesmo, algo que é como uma chama que nunca se apaga; aquele entusiasmo veemente e persistente que brota da mesma raiz do ser e que é a base de toda realização exterior.

O iniciado domina e purifica a parte negativa de sua natureza, causa de ruídos e dificuldades externas; é natural que estes hajam desaparecido por completo. Agora deve familiarizar-se com a energia positiva do fogo, ou seja, com o potencial infinito do Espírito que se encontra em si mesmo, cuja mais perfeita manifestação só tem sido possível no transcurso da precedente purificação. O iniciado prepara-se e aprende, por meio dessa terceira viagem, a caminhar sobre o fogo, ou seja, sobre o mais profundo e sutil elemento das coisas, donde estas tiveram sua origem e pelo qual elas se dissolvem, cessando por completo o poder da ilusão, e a realidade manifesta-se tal qual ela é.

O **Fogo** representa, por um lado, a essência espiritual ou princípio do ser, com que se estabelece o contato por meio do discernimento da Verdade e, por outro, a energia primordial que constitui o Poder da Essência máxima, a Divina Energia.

Com esse Fogo, cuja essência é o amor infinito, livre de todo desejo, impulso ou motivo pessoal, o iniciado tem o poder de realizar em torno dele os milagres e as coisas mais inesperadas, pois ele é a Fé que ilumina a sincera força ilimitada, por ter franqueado e ter o poder de superar os limites da ilusão.

Wirth explica o simbolismo das viagens: "A primeira viagem é o emblema da vida humana. O tumulto das paixões, o choque de interesses diversos, a dificuldade dos empreendimentos, os obstáculos que os concorrentes interessados em nos prejudicar e sempre dispostos a nos desencorajar multiplicam sob nossos passos, tudo isso é figurado pela irregularidade do caminho que o Recipiendário percorreu e pelo ruído que se fez a seu redor".

As purificações da iniciação lembram que o homem nunca é suficientemente puro para chegar ao Templo da Filosofia. Há, também, o simbolismo das antigas iniciações referente à inscrição da Esfinge do Antigo Egito de garras de Leão, asas de Águia, corpo de Touro e o rosto de Homem, que passou a ser a divisão perfeita do Maçom:

- Saber com inteligência (Homem);
- Querer com ardor (Leão);
- Ousar com audácia (Águia);
- Calar-se com força (Touro).

Ao encerrar a terceira viagem e a purificação do Fogo, o iniciado deve prestar seu juramento. Juramento é a promessa tomada com Deus por testemunha ou invocando o nome de uma coisa que reputa sagrada. O juramento maçônico existe desde os Templos operativos. Diz Paul Naudon que os Maçons operativos prestavam os seus juramentos, na França, com a invocação de São João Evangelista, como Aprendizes, Companheiros e Mestres, e juravam sobre os Santos Evangelhos que cumpririam seu ofício "bem e lealmente".

O juramento prestado para conservar o segredo dos Sinais, Toques e Palavras permitia, àqueles que o conheciam, conseguir trabalho em suas viagens ou auxílio em caso de necessidade. Foi esse o segredo zelosamente guardado pelos Maçons em todos os tempos. Após o juramento está o Aprendiz apto a iniciar o seu trabalho de desbastar a Pedra Bruta.

11. Quarta Instrução de Aprendiz Maçom

A Maçonaria

A Quarta Instrução de Aprendiz começa com o diálogo entre o Venerável e os Vigilantes sobre a existência de um culto, considerado segredo e que se define por sua simples palavra – Maçonaria. Entre as diversas conceituações encontradas nos milhares de livros sobre a Maçonaria, citamos esta: "A Maçonaria é uma associação íntima de homens escolhidos, cuja doutrina tem por base o Grande Arquiteto do Universo, que é Deus; como regra: a Lei Natural; por causa: a Verdade, a Liberdade e a Lei Moral; por princípio: a Igualdade, a Fraternidade e a Caridade; por frutos: a Virtude, a Sociabilidade e o Progresso; por fim, a felicidade dos povos que, incessantemente, ela procura reunir sob sua bandeira de paz. Assim, a Maçonaria nunca deixará de existir, enquanto houver o gênero humano".

Os Deveres do Maçom

A seguir, são enumerados os deveres de Maçom, que são:
- honrar e venerar o Grande Arquiteto do Universo, a quem agradece, sempre, as boas ações que pratica para com o próximo e os bens que lhe couberem em partilha;
- tratar todos os homens, sem distinção de classe e de raça, como seus iguais e Irmãos;
- combater a ambição, o orgulho, o erro e os preconceitos;

- lutar contra a ignorância, a mentira, o fanatismo e a superstição, que são os flagelos causadores de todos os males que afligem a humanidade e entravam o progresso;
- praticar a Justiça recíproca, como verdadeira salvaguarda dos direitos e dos interesses de todos;
- a tolerância, que deixa a cada um o direito de escolher e seguir sua religião e suas opiniões;
- deplorar os que erram, esforçando-se, porém, para reconduzi-los ao verdadeiro caminho;
- ir em socorro dos deserdados da fortuna e dos aflitos.

O Maçom cumprirá todos esses deveres porque tem a fé, que lhe dá coragem; a perseverança, que vence os obstáculos; o devotamento que o leva a fazer o bem, mesmo com risco de sua vida, sem esperar outra recompensa, que não a tranquilidade de consciência.

Aí é perguntado como se conhece um Maçom. Os modos de reconhecimento são feitos por meio de Sinais, Toques e Palavras, que servem de garantia aos Maçons quanto à identificação de seus pares. Os modos de reconhecimento são considerados, por todos os *Landmarks*, os mais legítimos e indiscutíveis. Admitem a sua invariabilidade porque sua excelência e vantagem consistem na sua universalidade.

O sinal é um dos meios que os Maçons utilizam para se conhecerem mutuamente e para provar o Grau que possuem. É um sistema empregado desde os alvores da humanidade e que se tornou comum entre os iniciados dos mistérios.

O toque é o contato físico por meio do cumprimento entre os Maçons, e também serve para identificar e conhecer o seu Grau na hierarquia maçônica.

Além do sinal e do toque, o Aprendiz dispõe da Palavra Sagrada, que em razão de sua ignorância não sabe ler nem pronunciar, por isso só pode soletrar. Isso porque a palavra caracteriza o primeiro Grau de iniciação, que é o emblema do homem na fase da ignorância quanto ao estudo e às artes, por deficiência das faculdades intelectuais, ainda não lhe é conhecida.

A Palavra Sagrada é peculiar a cada Grau e deve ser dita baixinho no ouvido, como em um sopro e com muita precaução.

O Aprendiz não tem Palavra de Passe, pois deveria permanecer encerrado na Oficina sem sair por sete anos, até completar seu aprendizado.

Existe, também, a Palavra Semestral que serve para abonar a atividade entre os Maçons da mesma Obediência. É mandada pelas Potências Soberanas, em certos países, às Lojas jurisdicionadas que estiverem em dia com as suas obrigações, de seis em seis meses, e que é comunicada aos Obreiros do Quadro como prova de sua regularidade.

Há necessidade do entendimento do que seja uma Loja justa, perfeita e regular. A Loja será justa e perfeita se está devidamente composta, ou seja: três a governem, cinco a componham e sete a completem. Tal ensinamento se refere ao número de Mestres, Companheiros e Aprendizes necessários para a sua formação. E assim será regular, pois sendo justa e perfeita, obedece a uma Potência Maçônica regular, praticando, rigorosamente, todos os princípios básicos da Maçonaria.

Em determinado momento da instrução, o Venerável Mestre pergunta ao Irmão Orador como ele conseguiu entrar no Templo. O Orador responde que foi por meio de três pancadas, que significam:
- "Batei e sereis atendido";
- "Pedi e recebereis";
- "Procurai e encontrareis".

Nesse instante relembra a iniciação, com as três viagens que são as provas físicas a que os Candidatos são submetidos; simbolizam as realizadas na Antiguidade pelos neófitos aos grandes mistérios e durante as quais percorriam grandes subterrâneos, semeados de perigo, que tinham por finalidade provar a fortaleza do ânimo e a perseverança de propósito.

Na Maçonaria, as viagens têm apenas uma representação simbólica: representam a luta pela vida e significam que não é sem dificuldades que se adquire a virtude.

Na preparação do Recipiendário, é colocada uma venda que lhe cobre os olhos. Essa venda lhe é tirada quando ele "recebe a luz". O desatamento da venda concretiza o choque iniciático e que o iniciado deve sentir. Vendados os olhos, acentua-se a acuidade dos outros sentidos; o ouvido, sobretudo, se desenvolve. A Maçonaria quer ensinar com isso que o profano, se não sabe ver, está demasiado atento aos ruídos do mundo e às palavras dos outros. Além dos mais, tendo então necessidade de um guia, ele agarra sem pensar o primeiro que aparece; assim são marcadas as concepções filosóficas de todas as ordens que resultam, não de uma livre escolha, mas do meio social em que o profano está colocado. A venda sobre os olhos significa as trevas e os preconceitos do mundo profano, e a necessidade que têm os homens de procurar a Luz.

A iniciação leva à iluminação. Não devemos temer o uso desse termo, apesar do sentido pejorativo que comumente lhe é atribuído. Iluminado quer dizer esclarecido por uma luz espiritual.

Nos iniciados, o pé direito e o peito esquerdo desnudos exprimem que eles dão seu braço à Instituição e seu coração a seus Irmãos. A ponta do compasso sobre o peito lembra a vida profana, na qual nem sentimentos nem seus desejos foram regulados por esse símbolo da exatidão, que, desde então, regula pensamentos e ações. O Compasso simboliza as relações do Maçom com seus Irmãos e com os demais entes; fixada uma de suas pontas, descreve pelo maior ou menor afastamento das pernas círculos sem conta, imagens da Loja e da Maçonaria, cujo extenso domínio é infinito.

Os três pontos, formando cada um e a cada junção dos pés um ângulo reto, significam que a retidão é necessária para quem deseja vencer na ciência e na virtude. As três viagens simbolizam a conquista de novos conhecimentos. O número três indica os centros: Pérsia, Fenícia e Egito – onde foram primitivamente cultivadas as ciências. As purificações, feitas durante as viagens, lembram-nos de que o homem não é bastante puro para chegar ao Templo da Filosofia.

A idade do Aprendiz é essa, porque, na Antiguidade, esse era o tempo necessário ao seu preparo. A Pedra Bruta é o emblema do Aprendiz de tudo que se encontra no estado imperfeito de sua natureza.

O Juramento

O juramento é a fórmula com que se jura, promete ou afirma, tomando Deus por testemunha ou invocando o nome de uma coisa que se reputa sagrada.

Um juramento é uma solene confirmação, em apoio a alguma declaração, ou então, uma promessa, reforçada por um apelo a Deus, a alguma coisa sagrada, alguma elevada autoridade, alguma testemunha, que garanta a sinceridade e a intenção de quem jurou de que cumprirá sua declaração.

Fernand Nicolay escreve a respeito do juramento: "Desde a origem das sociedades, o homem sentiu a necessidade de procurar fora de si mesmo um testemunho de sua própria consciência". A experiência de suas fraquezas pessoais, à vista das debilidades dos outros, tinha lhe ensinado a se pôr em guarda contra a palavra humana, transformada em instrumento de erro e de mentira. Formulou-se então, de modo natural e lógico, o juramento, isto é, esse modo particular e solene de afirmação ou de promessa, que comunica à palavra um caráter sagrado, uma virtude sobre-humana.

Os antigos atribuíam-lhe uma força incomparável, capaz de ligar a divindade tanto quanto os homens. Assim, para Pitágoras, o Universo era o produto misterioso do juramento que Deus teria feito a si mesmo de tirar os seres do nada. E se das tradições pagãs passarmos à narração do Gênesis, veremos o próprio Jeová dar o exemplo de juramento, ao jurar multiplicar ao infinito, como as estrelas do firmamento, a posteridade do seu servidor Abraão.

Na ordem política, na vida profissional, assim como na vida religiosa, em toda parte o juramento aparece como um laço enérgico de todos os contratos, o cimento que agrega de modo durável as instituições. Enfim, não há ninguém que não seja suscetível de ser chamado um dia perante os tribunais, a fim de cooperar na obra da justiça e prestar à sociedade o serviço que pede a nossa consciência: promover a punição do culpado ou, ao contrário, preparar a quitação do inocente.

O juramento está assim definido: o ato pelo qual tomamos a Deus por testemunha da verdade da nossa afirmação ou da sinceridade da nossa promessa; ato misto, ao mesmo tempo religioso e civil; religioso, por sua origem e seu caráter, como indica claramente a sua etimologia ("serment – sacramentum" = coisa sagrada); ato civil, pelo lugar importante que ocupa nas legislações.

O juramento é encontrado em todas as tradições humanas. Trata-se de uma afirmação particular, de uma promessa solene. O juramento sempre deveria possuir três partes: uma invocação, uma promessa e uma imprecação.

A invocação é um apelo, na maioria das vezes, à divindade, mas às vezes também a outras forças, às entidades perigosas, como garantia do juramento. A promessa constitui o objeto do juramento. Enuncia-se o mais claramente possível aquilo a que se quer comprometer. Enfim, a imprecação enumera a pena ou os castigos aos quais o Recipiendário concorda ser submetido caso não honre a promessa feita.

O juramento compromete de forma definitiva aquele que o pronuncia, e não é possível voltar a trás, se tornar perjuro no compromisso assumido.

Não se deve confundir o juramento com o pacto, uma simples convenção que pode ser rompida depois da inobservância de uma de suas cláusulas ou denunciando em determinadas circunstâncias, a menos que tenha sido referendado por um juramento.

Segundo Frau Abrines, "o Juramento é uma das mais solenes cerimônias da iniciação dos profanos, porque impõe laços e obrigações para toda a vida. A fórmula do Juramento compreende os deveres para com a Ordem em geral e todos os seus membros, para com a Potência maçônica e todas as suas Autoridades, e para com a Loja e todos os seus dignitários, oficiais e membros. O Juramento é também observado com os mesmos requisitos nas filiações, regularizações e aumentos de salários".

O Juramento Maçônico foi sempre o maior alvo dos ataques antimaçônicos, principalmente por parte dos eclesiásticos, tendo sido um dos motivos da primeira bula excomungatória de Clemente XII, "In Eminent", Ameaça e Terror. Ele visa não só proteger os segredos da Instituição, mas ainda impedir que o Maçom dela possa desligar-se. Muita fantasia, de causar inveja aos mestres do romance-folhetim, foi maliciosamente espalhada. Chegou-se mesmo a querer fazer acreditar que o juramento prestado pelo Maçom era um pacto com o diabo. Felizmente, são tempos passados, nos quais o Concílio Vaticano II pôs um ponto-final.

Segundo Ragon, "não se trata de um juramento vulgar como os que se fazem no mundo profano: porém, de algo antigo e sagrado, que é pronunciado sem violência. Suas expressões são enérgicas, porque aquele que o presta, tendo os olhos ainda fechados por uma venda, está a ponto de passar da barbárie à civilização...".

O Juramento Maçônico existe desde os tempos operativos. Diz Paul Naudon que "os operativos prestavam os seus juramentos, na França, com a invocação a São João Evangelista, como Aprendizes, Companheiros e Mestres, e juravam sobre os Santos Evangelhos que cumpririam o seu ofício bem e lealmente".

Quando um operário quisesse estabelecer-se como mestre de uma oficina, depois de passar por todas as formalidades exigidas pelo ofício e pelo rei, devia ainda prestar, diante do preboste, o juramento de se conformar com os usos e costumes, e de realizar "boa obra e leal".

Na Inglaterra, de acordo com os registros de construção do mosteiro de York de 1352, o Maçom devia "jurar sobre a Bíblia que deverá sincera e ativamente trabalhar segundo seu poder, sem fraude ou dissimulação qualquer, e manter e observar todos os pontos da precitada lei".

O juramento sobre a Bíblia, que protegia os interesses dos monges, relativamente à honestidade dos trabalhos dos operários, tinha a sua contrapartida no juramento prestado pelos Maçons que prometiam, em presença de Deus Todo-Poderoso, não publicar, revelar ou denunciar direta ou indiretamente nenhum dos segredos, dos privilégios ou das deliberações tomadas dentro da Confraternidade ou Sociedade da Maçonaria, dos quais poderia ter conhecimento por comunicação ou vir a conhecer depois. E assim, que Deus me ajude, assim como as verdadeiras e santas matérias deste Livro.

Na realidade, o Juramento Maçônico é feito ou com a invocação do Grande Arquiteto do Universo ou do Livro da Lei (Bíblia), prometendo jamais revelar indevidamente os ritos maçônicos, aceitando de antemão uma punição em caso de perjuro.

No Grau de Aprendiz, o primeiro juramento é pronunciado segurando a taça sagrada; nesse caso, simboliza a pureza e a sinceridade do Recipiendário.

O segundo juramento, o impetrante o faz junto ao Altar no momento de sua sagração, diante do Livro da Lei (Bíblia). O juramento é prestado, em seguida, para conservar o segredo de Sinais, Toques e Palavras que permitiam àqueles que sabiam deles conhecer trabalhos em suas viagens ou auxiliar em caso de necessidade. Foi esse o segredo zelosamente guardado pelos Maçons e que, transformado em segredo ocultando maquinações, atraiu as bulas excomungatórias lançadas pela Igreja contra os Maçons, durante quase dois séculos e meio.

A venda que se coloca diante dos olhos dos profanos, durante as provas de iniciação, é o símbolo da escuridão, da ignorância e da perversidade do mundo profano. É também o emblema da cegueira e das trevas que envolvem aqueles que ainda não receberam a luz da ciência e da verdade, e, por conseguinte, não conhecem o caminho por onde devem dirigir os seus passos para não tropeçar nos escombros que semeiam, constantemente, em sua passagem, os vícios, os erros e os prejuízos de sua primitiva educação. Também significa a ignorância do mundo onde o Candidato vai viver, por isso a venda lhe é tirada quando "recebe a luz".

As Colunas do Templo

As duas Colunas encontradas no Templo lembram as Colunas do Templo de Salomão, mas são somente ornamentais, embora tragam suas significações emblemáticas. Nos textos bíblicos são descritas com riqueza de detalhes. Em I-Reis (cap. 7, v. 15 a 22): "Fundiu duas colunas de bronze para o pórtico do Templo; a altura de uma era de 18 côvados, e seu perímetro de 12 côvados com quatro dedos de espessura; assim também era a outra. Fez dois capitéis, fundidos em bronze, ambos de cinco côvados de altura, colocando-os sobre as colunas. Fabricou espécies de rede, festões em forma de cadeias, para recobrir os capitéis sobre as colunas. Fez duas filas de romãs, sobre cada rede, para cobrir o capitel de uma das colunas, fez o mesmo com o outro capitel. Os capitéis sobre as colunas, no pórtico, tinham a forma de lírios e quatro côvados. Os capitéis sobre as duas colunas possuíam, cada um, duzentas romãs sobre a parte coberta pela rede, com duzentas romãs em duas fileiras. Ergueu as colunas no pórtico do Templo; à coluna da direita chamou de Jaquim, à da esquerda chamou de Boaz".

Sete voltas de correntes envolvem o capitel das Colunas. Entre os antigos, as correntes eram símbolo do cativeiro, mas o verdadeiro sentido dessas correntes nos capitéis das Colunas continua obscuro. Quanto ao seu número, que é de sete, é preciso lembrar que, entre os semitas, esse número gozava de grande veneração. Isso provinha, sem dúvida, da divisão da semana em sete dias, que correspondia à duração de casa fase da Lua. Pode-se imaginar que as correntes das Colunas mostravam que quem ainda estivesse demasiado preso ao mundo profano não deveria ter acesso ao Templo. Por outro lado, as correntes estão colocadas entre duas fileiras de romãs, símbolo da fecundidade, e podem então simbolizar os laços que unem as gerações entre si. Poderiam simbolizar, também, o acorrentamento (dominação) de uma força vital essencial, de uma potencialidade formidável já que é criadora da Vida.

As malhas entrelaçadas, por sua conexão, simbolizam a Unidade, a União, a Harmonia; por sua brancura, os lírios simbolizam a pureza e a inocência; as romãs, pela exuberância de suas sementes, a abundância e a fertilidade. Além disso, as Colunas eram encimadas por duas esferas, representando o mapa do globo terrestre e do globo celeste, ambas assinalando a universalidade da Maçonaria.

Em todos os tempos, a romã foi o símbolo da fecundidade, de abundância e da vida. O simbolismo religioso da romã deve ser considerado em primeiro lugar: esse fruto, de grãos tão numerosos, simboliza a caridade que contém tantas virtudes. A romã que, sob sua casca, esconde tantos grãos suculentos, simboliza a humildade; há quem afirme que exprime a união de todos os filhos da Igreja em seu regaço materno. Na simbologia popular, representa a fecundidade, a geração e a riqueza. Na Maçonaria, os grãos da romã simbolizam os Maçons unidos entre si por um ideal comum, representam, também, a pureza de amizade.

A Bíblia diz que os capitéis do alto das colunas B e J, levantadas no pórtico do Templo de Salomão: "eram de obra de lírios". O lírio indica a inocência da sociedade.

O lírio encontrado na arte cristã é do tipo branco, chamado no século XIX de "madona" por causa de sua associação com a Virgem Maria. É com frequência mostrado em um vaso ou nas mãos do arcanjo Gabriel nas pinturas da Anunciação. O bonito lírio do vale tem o mesmo simbolismo. Como flor de jardim favorita na Antiguidade, rezava a fábula que o lírio surgira do leite da deusa grega Hera e estava ligado à fecundidade não só na Grécia, mas também no Egito e no Oriente Médio em geral, onde era motivo de decoração popular. Os lírios simbolizavam prosperidade e realeza em Bizâncio, em vez da ligação com a pureza. O lírio branco pode às vezes simbolizar tanto a morte quanto a pureza e, em geral, é visto como presságio da morte. O lírio tem o mesmo significado que o lótus para os povos orientais, pois é uma flor espiritualizante, reveladora da pureza e de candura, simbolizando o próprio homem em êxtase. Os lírios representam os iniciados e são dispostos em três etapas: os botões de fila superior simbolizam os iniciados nos mistérios de Ísis; os da fila central e desabrochados simbolizam os iniciados de Serapis, com o seu esplendor; a terceira fila dos lírios pendentes simboliza os iniciados nos mistérios de Osíris, que desceram ao mundo para auxiliar e iluminar a Humanidade.

As colunas eram colocadas na entrada do Templo, uma ao Norte e outra ao Sul, como recordação aos filhos de Israel da coluna milagrosa de fogo, que os iluminou na fuga do cativeiro egípcio, das nuvens que os ocultaram do Faraó e das tropas enviadas para capturá-los. Assim, quando entrassem no Templo para celebrar o culto Divino, eles teriam sempre diante dos olhos a lembrança da redenção de seus antepassados.

A Maçonaria comporta um simbolismo profundo: a Coluna B significa "na força ou nela há força", filosoficamente simboliza a força, o repouso, a fêmea, o negativo, o conservador, o receptor, a mãe, a matéria, o concreto, o princípio, a virtude. Representa o conjunto de forças e princípios de que a Natureza necessita para o seu desenvolvimento à vida eterna.

A coluna J simboliza a ciência, a inteligência, a luz, o abstrato, a concórdia, o espírito, o homem, o sol, o fogo, o calor, o ativo, o mistério, o universo, o macho e, em geral, todos os fatos masculinos da própria Natureza. Representa a luz que dissipa as trevas da ignorância para fortalecer o homem, e para que ele possa percorrer sem preocupações e obstáculos a Senda da Vida.

As duas Colunas, que estão situadas no Ocidente da Loja, representam a Vida e a Morte e, por isso, alguns querem que sejam pintadas de branco e preto. Segundo outros, simbolizam as colunas de fogo e do vento, que são figuradas, na fachada dos Templos cristãos, como o nome de torres; são o emblema do antagonismo.

A Maçonaria guarda até hoje em seus Templos a lembrança dessas Colunas, não colocadas fora do Templo, mas em seu interior, logo depois da porta de entrada, e as faz menores do que as originais, com medidas proporcionais ao Templo. São de madeira ou de tijolos e não de bronze como eram as primitivas; são maciças e não ocas. As colunas do Templo de Salomão eram de bronze, que simbolizava a eterna estabilidade das leis da Natureza. Ainda hoje a Maçonaria vê no bronze esse emblema e, por isso, ele representa a base da doutrina maçônica em que os princípios da iniciação são imutáveis e se transmitem de uma a outra civilização.

O Meio-Dia

Por "meio-dia" entendemos o lado Sul da Loja, ou seja, o lado colocado à direita daquele que entra no Templo. É lá onde tem assento o 2º Vigilante e os Companheiros. Relativamente à frase do Ritual dizendo que o Maçom trabalha do meio-dia à meia-noite, J. M. Ragon escreve: "A explicação corrente, apenas aceitável para um homem que tem espírito crítico, é de que o homem aprende durante a primeira parte de sua vida e é somente quando chega ao meio-dia de sua existência que ele se torna útil à comunidade". "Mas, então, meia-noite corresponde à morte, as horas antes do meio-dia são visivelmente mais fecundas e úteis que os anos enfraquecidos da velhice".

A Astrologia traz uma significação muito mais profunda a essa fórmula. Sabe-se que, por analogia com a divisão do ano em 12 meses ou signos, a Astrologia divide o dia em 12 casas ou correntes astrais, possuindo cada uma o seu caráter nitidamente determinado. Nesse sistema, meio-dia corresponde à décima casa, o pôr do sol à sétima e a meia-noite à quarta.

Ao meio-dia, o Sol sai da décima casa horoscópica, a dos negócios e da situação social, para voltar a entrar na nona, a da religião e do impulso espiritual. O homem, portanto, despe-se das coisas exteriores para se voltar ao interior de si mesmo, para um mundo sutil e não material. A décima casa é a dos negócios e das distinções sociais que precisamos abandonar ao serem abertos os trabalhos de caráter filosófico, caráter que é da própria essência da nona casa.

Depois da nona, o Sol atravessa a oitava casa, a da morte, da desagregação do antigo e do nascimento sobre um plano superior. Vários astrólogos deram a esta parte do céu (e só a esta parte) o sentido da iniciação. Depois vem a sétima casa, a do amor não físico, da dedicação e da vida social. Nascido num plano novo, o Maçom traz aqui o seu óbulo à sociedade, tanto mais que a sexta, que é a casa horoscópica seguinte, a do serviço. Pode-se interpretar também essa passagem da sétima para a sexta casa horoscópica como indício de que o Maçom não espera recompensa de sua ação social, mas que se prepara, ao contrário, para encontrar os espinhos da sexta casa. O que quer que seja, desse serviço nasce a criação, que é a síntese da quinta casa depois da qual o ciclo termina para a quarta, cujo sentido principal é o fim das coisas.

Portanto, essa curta fórmula ritualística já oferece o resumo da evolução iniciática, sem falar de cada parte do dia, que possui uma influência real, mas ainda pouco conhecida pela nossa ciência, pois essa influência começa apenas a ser estudada pela Astrofísica. Os longínquos criadores do nosso Ritual tomavam certamente em consideração essa variação do influxo cósmico no decorrer do dia, de maneira que as horas de trabalho maçônico tinham não somente o significado esotérico que acabamos de indicar, mas também constituíam a prova consciente das forças cósmicas em vida da iniciação...

Com efeito, tanto a tradição chinesa como a escola de Zoroastro consideravam a metade do dia, da meia-noite ao meio-dia, o período em que o ar é ativo, e o do meio-dia à meia-noite o período em que o ar é passivo. Sendo este último período mais indicado para o desenvolvimento intelectual e espiritual, é a razão por que tais escolas como a Maçonaria "trabalham do meio-dia à meia-noite".

Os trabalhos maçônicos têm início ao "meio-dia" porque essa hora é neutra. O Maçom recebe os raios de forma perpendicular e os absorve integralmente, sem que seu corpo faça sombra no solo. O Sol simboliza o conhecimento, assim ao meio-dia o Maçom está vazio, nada possui. Recebe na Loja o conhecimento, que vai somando aos recebidos antes e, assim, assinala paulatinamente o que deve receber; o que tem direito a receber; e guarda de forma zelosa.

Sem dúvida, em certo período de sua história, a Maçonaria recebeu forte contribuição de elementos místicos e ocultistas. Não se estranha, pois, que os seus Rituais contenham palavras e frases que se estratificaram, permanecendo como legado daquele período, mas que só podem ser explicadas, logicamente, quando interpretadas pelas ciências ocultas, de que tanto se utilizaram os Maçons dos séculos XVIII e XIX.

ZOROASTRO

Zoroastro é uma forma corrompida do nome original, Zaratustra. Ele viveu, em certa de 1000 a.C. Foi célebre filósofo e grande reformador religioso iraniano, fundador do Zoroastrismo ou Mazdeísmo, religião essa que existiu até as perseguições movidas pelo Islamismo, tendo sido varrida do mapa no ano de 636 d.C. Essa religião emergiu da Escola dos Magos, na Idade Média. Zoroastro teve pouco sucesso em sua terra natal e mudou-se para o Irã, onde a religião acabou lançando raízes. O rei Vishtaspa, do Irã Oriental, deu apoio à nova fé, pois ele e sua corte converteram-se a ela. E do Irã o Zoroastrismo espalhou-se por todo o Oriente Médio.

O Zoroastrismo foi uma das poucas religiões realmente dualistas. Isso significa que as forças opostas do bem e do mal são permanentes. A salvação consistiria na separação entre suas forças, e não na eliminação do mal. O mal será isolado do bem. Em algum tempo futuro, um novo conflito poderá ocorrer; mas por enquanto buscamos a separação mediante a cooperação com o bem, visto que a expressão do bem tende pôr o mal em seu lugar, diminuindo-lhe o poder. A teologia judaica e cristã tem uma espécie de dualismo temporário, que nunca pôs em dúvida que, algum dia, o bem haverá de triunfar sobre o mal, o qual será derrotado e eliminado, e não meramente isolado.

O Zoroastrismo é, essencialmente, uma religião de obras, embora obras inspiradas por um elevado princípio espiritual, e não por algum sistema de méritos creditados e debitados. Segundo o Zoroastrismo, o homem esqueceu-se de seu caminho ao longo da vereda para a perfeição, embora o criador, Ahura Mazda, tenha ordenado o mundo de acordo com sua vontade. O homem, como um agente autoconsciente, dotado de livre-arbítrio independente, tem o supremo dever de apressar o avanço no sentido da perfeição, mediante esforços conscientes e voluntários. Para cumprir o seu elevado destino, o homem precisa seguir o caminho da Asha ou Justiça.

De acordo com o Mazdeísmo, existem dois princípios originais e antagônicos, em um dualismo bem pronunciado: o princípio do bem (ou da luz) e o princípio do mal (ou das trevas). A luz atuaria por livre-arbítrio e com um claro desígnio; e as trevas atuariam cegamente e por puro acaso. Haveria três elementos derivados da luz: a água, o fogo e a terra. Mediante as suas boas ações, o homem deve procurar liberar a luz neste mundo, por meio de sua conduta moral e de uma vida caracterizada pelo ascetismo.

12. Quinta Instrução do Grau de Aprendiz

A Loja

A Loja de Aprendiz é um quadrilongo, da Terra ao Céu, do Oriente ao Ocidente, do Norte ao Sul, com a profundidade da superfície ao centro da Terra. Tais dimensões são consideradas excepcionais, porque a Maçonaria é universal e apoia-se em três Colunas: a) Sabedoria; b) Força; e c) Beleza. Essas Colunas representam o Venerável Mestre, o 1º Vigilante e o 2º Vigilante. O Venerável representa a sabedoria (Salomão), porque dirige os Obreiros; o 1º Vigilante representa a força (Hirão, rei de Tiro), porque paga o salário dos Obreiros, que é a força e manutenção da existência; e 2º Vigilante representa a beleza (Hiram Abiff), porque faz repousar os Obreiros, fiscalizando-os no trabalho. A sabedoria cria, a força sustenta e a beleza adorna, por isso essas três forças são o sustentáculo de tudo.

A Superstição

Esse termo se deriva do latim, *supersto*, "pairar por cima", "ameaçar", dando a entender algum tipo de temor ou receio religioso em face do desconhecido ou de forças naturais potencialmente negativas, como os deuses, a sorte, o destino, etc.

Uma superstição é uma crença, prática ou atitude que é julgada como algo que paira por cima ou que vai além das normais aceitáveis, sendo assim considerada indigna de aceitação.

Apesar de o termo usualmente ser aplicado às religiões, Spencer escreveu a respeito de superstições políticas, sendo seguro afirmar que todos os campos do conhecimento têm suas próprias superstições, ou seja, crendices, alicerçadas sobre a irracionalidade. A palavra também pode ser largamente definida como "preconceito destituído de reflexão prévia".

Podemos definir uma superstição como uma crença no sobrenatural, mas motivada pela ignorância, pelo temor, refletindo uma visão irracional da realidade. Esse vocábulo também pode indicar as práticas que resultam dessas crenças. A magia negra, a bruxaria, os ruídos supostamente produzidos por espíritos e coisas semelhantes podem ser considerados manifestações da atitude supersticiosa.

Superstição é a crença ou noção sem base na razão ou no conhecimento que leva a criar falsas obrigações, a temer coisas inócuas, a depositar confiança em coisas absurdas, sem nenhuma relação racional entre os fatos e as supostas causas a eles associadas. É crença em presságios e sinais, originada por acontecimentos ou coincidências fortuitas, sem qualquer relação comprovável com os fatos dos quais se acredita sejam prenúncio.

A superstição é um falso culto mal compreendido, repleto de mentiras, contrário à razão e às sãs ideias que se devem fazer de Deus; é a religião dos ignorantes, das almas timoratas.

A Ignorância

A Maçonaria, principalmente, combate a ignorância e o fanatismo. A ignorância porque ela é a mãe de todos os vícios e seu princípio é nada saber; saber mal o que sabe e saber coisas outras além do que deve saber. Assim, o ignorante não pode se medir com o sábio, cujos princípios são a tolerância, o amor fraternal e o respeito a si mesmo. Eis por que os ignorantes são grosseiros, irascíveis e perigosos; perturbam e desmoralizam a sociedade, evitando que os homens conheçam seus direitos e saibam, no cumprimento de seus deveres, que mesmo com constituições liberais, um povo ignorante é escravo. São os inimigos do progresso que, para dominar, afugentam as luzes, intensificam as trevas e permanecem em constante combate contra a Verdade, contra o Bem e contra a Perfeição.

A Maçonaria combate com grande empenho o ignorante que insiste em permanecer em sua ignorância, deixando de respeitar a opinião da maioria. São como aqueles soldados que, em uma ordem unida, marcham com o passo errado e creem ser eles os certos, vendo nos demais o erro.

O Fanatismo

A Maçonaria combate o fanatismo porque é a exaltação perniciosa da razão e conduz os insensatos a praticarem ações condenáveis. A Maçonaria condena todo fanatismo, porque ele avilta o homem. O fanático é intolerante, exigente e cego, somente enxergando as falhas alheias, considerando-se perfeito.

Essa é a palavra usada para indicar o zelo excessivo e irracional, que tem certas características: 1. agressividade; 2. preconceitos vários; 3. estreiteza mental; 4. extrema credulidade quanto ao próprio sistema, irredutível totalmente quanto a sistemas contrários; 5. ódio; 6. sistemas subjetivos de valores; 7. intenso individualismo.

As virtudes comuns do amor, do respeito e da tolerância poderiam remover todo o fanatismo. O estudo das religiões comparadas também amplia os horizontes do indivíduo, demonstrando que a maioria dos grupos cristãos, embora tão diversos, tem algo com que contribuir.

A Tolerância

A tolerância não é compactuar ou transigir com o erro; não é permitir a violação do direito ou a conspurcação da moral, porque isso importa em conivência com o mal, o que, sem dúvida, constitui imoralidade. Entretanto, cumpre ao Maçom ser tolerante, esperando o tempo suficiente para corrigir o faltoso e conduzi-lo ao caminho do bem e da virtude, principalmente, quando o faltoso tem um passado louvável, com elevada folha de serviços prestados à Ordem, o que jamais devemos esquecer, para não sermos ingratos. Tolerância é a virtude que tem o poder de afastar o culpado ou faltoso do caminho do mal. Porque, na tolerância, vai o espírito de clemência e de paciência, que possui o condão mágico de quebrar o orgulho.

A Fraternidade

O amor fraternal é discutível, mas entre verdadeiros Maçons há fraternidade, amizade e sinceridade, embora seja verdade que existam irmãos degenerados que buscam a Maçonaria por interesse, e quando não conseguem ludibriar a boa-fé dos seus Irmãos, dela se afastam. Finalmente, o Maçom precisa esforçar-se com toda a sua vontade no combate aos seus vícios.

A Solidariedade

A solidariedade é a arma de que os Maçons dispõem contra seus inimigos. Não se deverá confundir solidariedade com protecionismo, amparo incondicional em quaisquer circunstâncias: em torno da proteção maçônica dão-se interpretações exageradas e uma falsa ideia do amor fraternal. A proteção não vai ao extremo de amparar o Maçom que procedeu mal e se colocou contra as leis, perturbando o equilíbrio social. Trata-se de uma solidariedade mais pura e fraternal, somente para com os que praticam o bem e sofram as agruras da vida, os infortúnios e as desgraças.

Os juramentos feitos de defender um Irmão não são levados a ponto de apoiar os males que esse Irmão possa ter causado na sociedade. Houve época em que a Maçonaria dava todo apoio a qualquer Irmão e em qualquer circunstância, para depois julgá-lo e puni-lo; essa época foi superada em virtude da evolução das leis e da aplicação correta da justiça humana.

Quando um Irmão, esquecido dos princípios e dos ensinamentos maçônicos, desvia-se da moral para se tornar mau cidadão, mau esposo, mau pai, mau filho, mau irmão, mau amigo; quando, cego pela ambição ou pelo ódio, pratica atos que consideramos indignos de um Maçom, ele, e não os demais, é quem rompeu a solidariedade e os juramentos, colocando-se longe da proteção.

A Maçonaria é formada por pessoas humanas, as quais são portadoras das fraquezas comuns a todos os homens, mas não será isso motivo para condenarmos todos os Maçons.

13. Sexta Instrução de Aprendiz Maçom

A sexta instrução trata de diversos assuntos importantes, além de figuras alegóricas essenciais ao conhecimento do Primeiro Grāu. Assim, vejamos.

Reconhecimento

Os modos de reconhecimento são os Sinais, Toques e Palavras de identificação, que servem de garantia aos Maçons contra as indiscrições profanas, embora tratados anteriormente.

O reconhecimento trata-se de um costume que remonta à Antiguidade e foi utilizado essencialmente pelos membros de todas as sociedades esotéricas, políticas e iniciáticas, a fim de identificar um filiado mediante exame rápido e eficiente.

Na literatura antiga há inúmeros exemplos confirmando a existências de meios de reconhecimento, particulares a cada rito secreto e consistindo em sinais, toques e palavras. Não foram, portanto, invenção nem descoberta dos Maçons, que os tiraram da tradição dos sistemas místicos da Antiguidade.

Os sinais, toques e palavras, nos usos da sociedade moderna, foram substituídos por passaportes, carteiras de identidade, cadastros e outros documentos de identificação.

Diz Mackey: "Os modos de reconhecimento são considerados, por todos os *Landmarks*, os mais legítimos e indiscutíveis. Admitem a sua invariabilidade, porque a sua existência e vantagem consistem na sua universalidade. Não obstante, infelizmente, foram admitidas variações, a principal das quais se originou pelos meados do século XVIII, e esteve principalmente ligada com a divisão da Fraternidade, na Inglaterra, em duas sociedades opostas, os antigos e os modernos; e apesar da uniformidade ter sido restaurada pela Grande Loja Unida, então formada pela reconciliação de 1813, ela não se estendeu aos Corpos subordinados em outros países, que tinham recebido a existência e os modos de reconhecimentos das duas Grandes Lojas separadas; e isso pode ser naturalmente aplicado aos Altos Graus que delas surgiram".

Assim, enquanto os modos de reconhecimento nos Ritos de York e Escocês Antigo e Aceito são substancialmente os mesmos, os outros diferem bastante.

A Palavra Sagrada

Além do sinal e do toque, o Aprendiz dispõe da Palavra Sagrada, que em razão de sua ignorância não sabe ler nem pronunciar, por isso só pode soletrar. Isso porque a palavra caracteriza o primeiro Grau de iniciação, que é o emblema do homem na fase da ignorância, quando o estudo e as artes, por deficiência das faculdades intelectuais, ainda não lhe são conhecidos.

A Palavra Sagrada é peculiar a cada Grau e deve ser dita baixinho ao ouvido, como num sopro e com muita precaução. O escritor Mackey diz: "termo aplicado à palavra capital ou proeminente de um Grau, indicando assim o seu peculiar caráter sagrado, em contraposição à Palavra de Passe, que é entendida simplesmente como um mero modo de reconhecimento. Diz-se muitas vezes, por ignorância, palavra secreta. Todas as palavras importantes da Maçonaria são secretas, mas somente algumas são sagradas".

A Palavra Sagrada do Aprendiz se refere a uma das colunas de bronze que, segundo a Bíblia, estavam de cada lado da entrada principal do Templo de Salomão. Essa palavra não se pronuncia, ela é apenas soletrada, porque o Aprendiz não sabe ainda nem ler nem escrever, sabe apenas soletrar, pois que, vindo do mundo profano, isto é, simbolicamente, do lugar das trevas, receberá na Maçonaria a Luz, ou seja, o conhecimento das coisas maçônicas.

A Palavra Sagrada é peculiar a cada Grau, sendo necessário dá-la ao mesmo tempo que o toque, para poder tomar parte nos trabalhos dele. Essa palavra, como a de passe, é indispensável e os Maçons devem ter o cuidado todo especial em tê-la sempre presente. O Aprendiz não tem Palavra de Passe, pois deveria permanecer encerrado na Oficina sem sair por sete anos, até completar seu aprendizado.

Outro fato interessante é o estado em que o profano é recebido; deve encontrar-se: "Nem nu, nem vestido"; despossado de todos os metais (dinheiro e joias), com os olhos vendados. A expressão "Nem nu, nem vestido" significa um estado de neutralidade, uma forma assexuada, no sentido de criatividade e passividade.

Na simbologia bíblica, a nudez denota pecado, ato imoral, e as vestes, a proteção. No simbolismo maçônico, representa não ter pretensões com relação a bens temporais ou honrarias ou cargos honoríficos, que nada representam na Maçonaria, porém méritos interiores, que não exercem influência sobre a aparência externa do corpo, mas são recebidos como uma recomendação para a admissão.

O Avental

O Avental é o traje do Maçom, que é considerado insigne. Para o Maçom frequentar as Sessões da Loja é necessário que esteja Maçonicamente trajado. Sem o Avental, é impossível a qualquer Maçom tomar parte nos trabalhos.

O uso do Avental remonta à Antiguidade, pois todas as estatuetas antigas dos deuses descobertas no Egito, na Grécia e na Pérsia ou na América estavam ornadas com avental. O avental ou cordão, nos antigos, era um emblema universalmente aceito da Verdade e do Dever passivo.

Os sacerdotes israelitas, na cerimônia levítica, traziam o "abnet", o avental de linho branco ou cinto como parte de sua vestimenta. O avental foi usado pelos sacerdotes nos Templos antigos, mesmo na preparação das aves e animais sacrificados a divindades. Os aventais eram religiosamente preparados com ervas e resinas sacras, cujos ritos davam àquela indumentária um valor esotérico.

Nos antigos mistérios, os sacerdotes conheciam ocultamente a necessidade do uso do avental. Ele tinha por finalidade o isolamento da parte superior do corpo (parte espiritual), da parte mais densa (o mundo das entranhas), evitando que ocorresse desvio de pensamento, com interferência de instintos inferiores do homem.

No Antigo Egito, o avental era cingido à cintura por uma serpente de prata que impedia o trânsito das correntes adversas, do exterior para o interior do corpo e vice-versa. Com o advento da Maçonaria Hebraica não só os aventais mudaram o seu feitio, como também a serpente de prata foi substituída por um cordel que significa a circuncisão, a parte mais importante do pacto feito entre Jeová e o homem. Ainda hoje, o cordel que prende o Avental ao corpo tem a finalidade de lembrar ao Maçom esse pacto feito entre ele e o Grande Arquiteto do Universo, pacto e um verdadeiro estado de castidade moral, de contenção de instintos e de pureza de pensamentos.

O Avental tem por finalidade formar um cordão imantado sobre os chacras (plexo solar, baço e de um terceiro chacra que fica entre o pênis e o umbigo), evitando que durante o trabalho a mente possa voltar à matéria densa, criando fluidez magnética negativa. Pode ainda o Avental servir de filtro para essas vibrações negativas, principalmente quando está protegendo o plexo solar (chacra umbilical), por estar diretamente ligado ao corpo astral, e se não protegido pelo Avental será facilmente atingido.

Materialmente, o uso do Avental apareceu na Maçonaria Inglesa, daí passou para a Maçonaria Operativa e conservou-se seu uso como significado simbólico da operatividade do Maçom.

Instrumento de proteção ao trabalhador, o Avental, na sua forma simbólica hoje conhecida, também é uma peça de proteção de que o Maçom se reveste para se livrar dos maus influxos que possam atingi-lo e perturbar a harmonia das emoções de que se deve achar possuído durante o seu trabalho maçônico.

O simples ato de cingi-lo importa em se proteger contra fluxos magnéticos adversos que comumente circulam dentro de um Templo, maçônico, fluxos criados pelo descuido dos Maçons que, ao penetrarem no Templo, não se cuidam para harmonizar os seus sentimentos e as suas emoções profanas levando, para o Templo, os seus problemas, as suas discórdias, os seus pensamentos conturbados pela inveja, pela cobiça, pelo ódio e por toda uma sorte de contendas e impactos de ordem profana. Tais sentimentos, que em nada condizem com o ambiente de paz, de harmonia, de tranquilidade, de concórdia, de fraternidade que deve reinar no recinto sagrado do Templo Maçônico, perturbam o equilíbrio magnético e assim criam correntes magnéticas contrárias das quais o Maçom deve-se proteger. A proteção está, justamente, no isolamento fornecido pela testura do Avental.

O verdadeiro Avental deve ser feito de pele branca de carneiro, sem qualquer emenda, e forrado em sua parte posterior com pano preto, que representa as trevas de que o Maçom se afastou quanto foi iniciado nos mistérios da Maçonaria. A brancura da pele de cordeiro significa a pureza e a candura de que se deve achar possuído o Maçom em todos os seus atos e em todos os seus pensamentos.

A forma do Avental é a de um quadrado, e ele varia no que se relaciona com o Primeiro e Segundo Graus. No Primeiro Grau, o Aprendiz deverá trazer o seu Avental, que não tem nenhuma insígnia, imaculadamente branco e com a abeta triangular elevada. Assim apresentado, o Avental não terá a forma de um quadrado, mas antes, a forma de um polígono de cinco lados, significando o homem completo em seus aspectos físico e espiritual, mas ainda sem a total integração desses dois aspectos. O triângulo, de que é formada a abeta, significa a parte espiritual do homem que pairando sobre sua parte material, representada pelo quadrado, ainda não conseguiu penetrá-la totalmente, por isso exerce uma influência menor sobre os seus atos. A abeta levantada significa que o Aprendiz ainda se encontra na fase infantil e, assim, é dominado pela inocência que lhe permite sem vexame apresentar-se a seus Irmãos com suas partes pudendas à mostra. Significa, finalmente, que como Aprendiz não tem salário a receber nem instrumentos de trabalho a guardar. Assim, a abeta que encobre o bolso poder permanecer levantada sem qualquer risco de perdê-los.

Com a abeta levantada, o Avental forma cinco ângulos correspondentes aos cinco sentidos da vida de relação – visão, audição, paladar, olfato e tato –, por meio dos quais podemos colocar o mundo material em que vivemos em relação com os "cinco pontos de perfeição", que o Maçom deve procurar desenvolver moralmente dentro de si.

O triângulo, que constitui a abeta, pousando sobre o quadrado, lembra o aspecto dualístico do homem, formado de alma e corpo, e os três lados do triângulo, somados aos quatro lados do quadrado, formam o sete, número perfeito a que "Deus abençoou e amou mais do que todas as coisas sob o seu trono".

Como vimos, todo Maçom é obrigado a cingir o Avental, para lembrar que o homem nasceu para o trabalho e que todo Maçom deve trabalhar incessantemente para a descoberta da Verdade e para o aperfeiçoamento da humanidade.

A Loja Regular

Todos os Maçons devem trabalhar em uma Loja justa e perfeita. As Lojas ou Templos Maçônicos têm sua origem no Tabernáculo, depois no Templo de Jerusalém, a semelhança entre eles e as igrejas se deve ao fato de ambos serem construídos, na Idade Média e início da Moderna, pelos Maçons de ofício, que eram principalmente construtores de Templos, membros de associações monásticas ou de associações leigas dirigidas pela Igreja.

Na acepção maçônica, o Templo é alegórico, e a imagem é a representação do Universo e de todas as maravilhas e perfeição da criação. Fonte de luz e de Verdade que a Maçonaria adotou como modelo para o ensino e a aplicação simbólica de sua doutrina. A abóbada do Templo é a representação simbólica da Abóbada Celeste. Na arquitetura, chama-se abóbada uma construção em arco realizada pela junção de pedras que se unem umas com as outras até formar uma cobertura de alvenaria. Dessa maneira são constituídos os tetos de igrejas e de outros edifícios. A construção de abóbadas foi uma das maiores habilidades dos Maçons operativos medievais.

Na Maçonaria, a abóbada tornou-se um verdadeiro símbolo, o símbolo das causas primeiras e da harmonia eternamente ativa de que se compõe o Universo.

A **Abóbada Celeste** é o espaço infinito no qual se movem todos os corpos celestes, espaço diáfano que rodeia a Terra e ao qual é dado o nome de céu, de abóbada celeste ou estrelada. É o que, na realidade, representa o teto das Lojas simbólicas maçônicas, emblema de sua universalidade. A expressão "da terra ao céu" indica uma de suas medidas.

O teto do Templo Maçônico, em forma de abóbada, representa o céu à noite, com uma multidão de estrelas visíveis, constelações, o Sol, a Luz e os Planetas.

Segundo Ragon, "a Abóbada do Templo é assim azulada e estrelada porque, como a dos céus, cobre todos os homens, igualmente, sem distinção de classe e de cor".

O Templo simboliza para a Maçonaria o Cosmos. A contemplação do céu estrelado dá ao homem uma grande quietude e notável serenidade de espírito, e incita-o à meditação. A abóbada constelada dos Templos Maçônicos é, ao mesmo tempo, o símbolo de sua universalidade e de sua verdadeira transcendência.

O teto de um Templo Maçônico representa o firmamento. Assim disposto, do lado do Oriente, um pouco à frente do Trono do Venerável, está o Sol. Por cima do Altar do 1º Vigilante, a Lua, e sobre o do 2º Vigilante, a estrela de cinco pontas. Esses emblemas pintados ou em relevo, poderão ficar pendentes do teto.

No centro do teto estarão três estrelas da Constelação de Órion. Entre elas e o Noroeste ficam as Plêiades, as Híades e Aldebarã; a meio caminho, entre Órion e o Noroeste, Régulo, da Constelação de Leão; ao Norte, a Ursa Maior; a Noroeste, Arcturo; a Leste, a Spica, de Virgem; a Oeste, Antares; ao Sul, Fomalhaut. No Oriente, Júpiter; no Ocidente, Vênus; Mercúrio, junto ao Sol e Saturno, com seus satélites, próximo a Órion. As estrelas principais são três de Órion, cinco das Híades e sete das Plêiades e da Ursa Maior. As estrelas chamadas reais são: Aldebarã, Arcturo, Régulo, Antares e Fomalhaut.

A abóbada é simbolicamente sustentada por **12 colunas**, que representam os 12 signos do Zodíaco, ou seja, as 12 constelações que o Sol percorre no espaço de um ano solar.

O Zodíaco é a zona ou faixa que tem cerca de 18º de largura e gira em torno do céu paralelamente à eclíptica. É a zona da esfera celeste que vai até 8º 30' de ambos os lados da eclíptica e na qual se movem o Sol, no seu movimento aparente, a Lua e todos os grandes planetas e parte dos asteroides.

A zona eclíptica do céu é dividida em 12 constelações, de extensão bastante irregular, mas valendo cerca de 30º de longitude. Os signos do Zodíaco recebem os nomes das constelações que neles se achavam há 2 mil anos; são, no sentido direto, a partir do gama: o Carneiro, o Touro, os Gêmeos, o Caranguejo, o Leão, a Virgem, a Balança, o Escorpião, o Sagitário, a Cabra, o Aquário e os Peixes.

O ano é, assim, dividido a partir de 20 ou 21 de março em períodos de cerca de um mês, correspondendo à presença do Sol nos diferentes signos.

Na acepção maçônica, o Templo é alegórico e a imagem e representação do Universo. Como na Antiguidade, os Templos tentavam corresponder a elementos e imagens da Natureza, inclusive na sua própria arquitetura.

Os Maçons fizeram do Templo de Salomão um arquétipo ideal e iniciático para as suas Lojas.

A Grande Abóbada azul é sustentada por 12 colunas, que representam a relação mística entre as mutações da Natureza e os signos do Zodíaco.

No Rito Escocês, os signos zodiacais simbolizam "todo o caminho místico percorrido pelo iniciado" – desde o seu ingresso na Ordem, como Aprendiz, até o cume de sua trajetória iniciática, no Grau de Mestre.

As 12 colunas zodiacais encontradas nos Templos e que possuem em seu topo as representações dos signos simbolizam essa caminhada.

Os signos que têm relação com o Grau de Aprendiz são: ÁRIES, TOURO, GÊMEOS, CÂNCER, LEÃO e VIRGEM; relacionado com o Grau de Companheiro, temos o signo de LIBRA, enquanto, ao Grau de Mestre, temos: ESCORPIÃO, SAGITÁRIO, CAPRICÓRNIO, AQUÁRIO e PEIXES.

O signo de Áries é representado pelo carneiro, porque nas fábulas gregas e egípcias ele representava a Ovelha do Velo de Ouro. A entrada do Sol em Áries na Antiguidade exprimia o começo de um ano novo, a época em que as ovelhas são conduzidas às pastagens para passar a primavera. A constelação de Áries lembra uma ovelha brincando no céu. Ela denota força e energias renovadas. Signo caracterizado pelo planeta Marte e pelo elemento Fogo.

A história mitológica dessa constelação é a seguinte: "Frixo, filhos de Nefele, falsamente acusado de violar Biadice, foi condenado à morte, sendo, todavia, salvo por um carneiro dourado, Crisómalos, em cujo dorso fugiu; alcançada a segurança, ele imolou o carneiro a Zeus, que colocou a imagem do animal no céu".

Esse signo se relaciona com o Fogo Interior do Homem, ou seja, a força que estimula o crescimento e o desenvolvimento. Assim na Maçonaria, ele simboliza o Fogo Interno, o ardor incontido do Candidato à procura da iniciação maçônica e da Luz. É o passo inicial da renovação da Natureza pelo Fogo, utilizada, também, na máxima hermética rosa-cruz, adotada pela Maçonaria: I.N.R.I. ("Igne Natura Renovatur Integra"), ou seja, "o fogo renova a Natureza inteira".

O signo de Touro é representado pelo touro, porque a antiga letra "Aleah" significa boi ou vaca. Ela indica o período do ano em que as vacas têm os seus bezerros. Signo da vontade, do trabalho e do labor. Nas fábulas gregas, "foi o símbolo usado por Júpiter, quando se transformou num touro para penetrar em Creta". Esse signo denota lealdade e determinação. Signo caracterizado pelo planeta Vênus e pelo elemento Terra. Sua origem mitológica é a seguinte: "Taurus era o touro branco que cortejou Europa, carregando-a no dorso; ele era, na verdade, Zeus disfarçado, e quando reassumiu sua forma normal, colocou o touro no céu". Relaciona-se com a matéria na qual se efetua a fecundação, a elaboração interior, ou seja, a Natureza, pronta para a consumação.

Assim, ele simboliza, Maçonicamente, que o Candidato depois de ser convenientemente preparado, foi admitido às provas da iniciação.

O signo de Gêmeos é representado pelos gêmeos da linguagem comum, porque as duas estrelas, Castor e Pólux, na constelação do céu de inverso representam dois Irmãos que se uniram intimamente pelo afeto. O signo de Gêmeos denota uma personalidade versátil, fidelidade, firmeza de caráter e generosidade. Signo caracterizado pelo planeta Mercúrio e pelo elemento Ar. Não está associado a nenhum mito particular. Era conhecido no Egito como "as duas estrelas" e tomou o nome das estrelas Castor e Pólux, as mais brilhantes da constelação. Relaciona-se com o Mercúrio dos alquimistas, representado por duas cabeças, e simboliza os filhos da Terra, fecundada pelo Fogo e a vitalidade criadora. Assim, maçônica ou iniciaticamente, representa o recebimento da Luz pelo Candidato.

O signo de Câncer é representado pelo caranguejo, porque quando o Sol entra nesse signo, está começando o seu movimento de retrocesso pelo Equador, até alcançar o equinócio de outono. Esse signo denota as coisas materiais ou o calor do afeto. Signo caracterizado pela Luz e pelo elemento Água. Como caranguejo, Câncer, em sua origem, é babilônico, pois no Egito a constelação era representada por duas tartarugas, ora conhecidas como Estrelas da Água, ora como Allul, um criatura aquática. Assim, a sua associação com a água é muito antiga, embora não haja um determinado mito a seu respeito.

Representa a explosão vegetal da Terra fecundada, e é relacionado com a tenacidade e a cautela; representa, também, a seiva estuante da vida, na renovação da Natureza. Por isso é que, Maçonicamente, simboliza a ressurreição da Natureza ou, esotericamente, o renascer do espírito. O iniciado se instrui com a assimilação do aprendizado iniciático.

A Pedra Bruta

A figura alegórica dessa instrução é a Pedra Bruta, que se apresenta em estado natural e grosseiro, tal como foi extraída da Natureza. Ela representa a infância do homem e a própria humanidade. É de se reconhecer que a humanidade evoluiu muito, porém não passa de uma Pedra Bruta, com suas lutas, guerras, preconceitos, misérias, fome, etc. A Pedra Bruta é uma joia, por oferecer, latente, a possibilidade de ser aproveitada para edificar, para construir. Todo indivíduo tem qualidades socialmente aproveitáveis, mas para tanto, é necessário que se lhe desbastem as arestas de uma formação grosseira. A Pedra Bruta ensina ao Aprendiz que o homem dotado de inteligência e raciocínio pode aperfeiçoar-se na educação e na instrução. Graças à iniciação maçônica, o Aprendiz se encontra em estado natural, desembaraçado de tudo o que a sociedade profana lhe impingiu. Encontra de novo a liberdade de pensar livremente e os meios para talhar a sua Pedra, tornando-se mais perfeita possível.

A Pedra Polida

A Pedra Polida é a representação da perfeição intelectual e espiritual que o Aprendiz deve esforçar-se para realizar em si mesmo. O Aprendiz recebe, simbolicamente, uma Pedra Bruta que deve desbastar, apresentando como obra-prima, a fim de obter um aumento de salário. Uma vez desbastado pelo Aprendiz, o cubo é confiado aos Companheiros, que têm por missão poli-lo, tornando-o perfeito. Significa a meta a ser atingida, antes de ser admitido a compartilhar dos trabalhos dos Mestres.

O Esquadro

O Esquadro é o símbolo da retidão, exprime que o homem deve sujeitar todas as suas ações a essa qualidade, constituindo a virtude que deve existir em todo homem de bem. Simboliza, também, a equidade e a justiça.

O Esquadro representa para o Maçom a retidão na sua conduta, na sua ação, sendo emblema da perfeição de sua obra e de seu caráter. O Esquadro é retidão moral e virtude, fixidez e estabilidade. É a retidão de juízos e honradez de propósitos. Não deve ser passional, pois a retidão deve guiar os nossos juízos, enfim, é o emblema da moralidade.

O Compasso

O Compasso é o emblema da Justiça com que devem ser medidos os atos dos homens, ele indica a exatidão, a medida na pesquisa dos sentimentos pelos quais devem pautar os atos de cada um à perfeição industrial, artística e científica.

O Compasso é retidão, harmonia e compreensão da lei e de uma realidade superior. É a moderação dos nossos desejos, a compreensão e o conhecimento da Verdade, estabelecendo as perfeitas relações com seus Irmãos e com os demais homens.

O Maço

O Maço é utilizado para desferir golpes, tem relação com o 1º Vigilante, cuja qualidade, a força e a missão consistem na transmissão de energia. Transmite aos instrumentos a força de impulsão necessária à execução do trabalho. O Maço é o poder, é a força. Qualquer que seja o sistema de impulso adotado modernamente nos labores do homem, ele se deriva da ideia primitiva do golpe. O Maço é a ação. A tarefa do homem na vida, em resumo, tem como fim a remoção e a transformação da matéria. Toda ação humana se reduz a isso, quer no campo material, que, como da esfera moral, move pedras e terras para a construção de um edifício; para mover pedras e terras é preciso a impulsão muscular; para mover e mudar ideias, é necessária a impulsão moral: ação, vontade, força espiritual.

O Cinzel

O Cinzel corresponde ao 2º Vigilante, porque como este representa a Beleza, o Cinzel é assim o instrumento com que o Maçom Cinzela a pedra tosca, nela criando linhas superficiais e molduras para o embelezamento do edifício. Simbolicamente modela o espírito e a alma, de acordo com os mandamentos da Sabedoria. Representa as nossas faculdades morais e espirituais, subordinadas ao nosso saber e à nossa prudência. Sem o desenvolvimento dessas forças, o Maçom não poderia agir no meio que o circunda nem poderia dar feição à sua própria natureza.

O Sol

O Sol é o coração do sistema planetário, representa as energias positivas, regentes do Cosmoss, é o elemento masculino. Os indivíduos dominados pelo influxo solar são os grandes líderes da humanidade. O Sol é considerado a fonte de luz e o emblema da inspiração, da revelação, do conhecimento e do poder. Para o Maçom, o Sol representa a luz intelectual da qual está em constante procura e, também, a autoridade soberana e a Verdade Divina.

A Lua

A adoção da Lua no sistema maçônico é por analogia, mas pode ser apenas por derivar esse símbolo das antigas religiões. No Egito, Osíris era o Sol e Ísis, a Lua. Os Maçons mantêm a sua simbologia, porque a Loja é uma representação do Universo, no qual o Sol governa durante o dia a Lua preside durante a noite; como um regula o ano, assim faz a outra com os meses. A Lua simboliza o princípio feminino, aquoso, frio e úmido, o úmido radical ou mercúrio dos hermetistas, a imaginação, a sensibilidade. Representa, também, a constância, a regularidade, a afeição, a obediência, a evolução e a luz moral.

No simbolismo maçônico, o Sol e a Lua figurados no Templo significam que o Maçom jamais está nas trevas e que os raios desses astros devem refletir sobre aqueles que ainda se conservam na escravidão. Simbolizam também o Venerável Mestre, porque assim como o homem cumpre os seus deveres sob a ação da luz, de igual modo os Maçons cumprem o que a Ordem lhes impõe, com o auxílio, o cuidado e a instrução do Venerável Mestre.

O Pavimento Mosaico

O Pavimento Mosaico é um dos ornamentos do Templo, sendo constituído por ladrilhos, alternadamente pretos e brancos, formando um tabuleiro de damas. O Pavimento Mosaico simboliza as classes, as opiniões e os sistemas religiosos que se confundem na Maçonaria, sendo o emblema da estreita união que deve existir entre todos os Maçons, apesar da diferença de nacionalidade, de temperamento, de raça e de ideias. Enquanto o ladrilho branco é o emblema da alma pura do iniciado, o preto é o emblema dos vícios e das paixões a que está sujeito o profano. Representam o bem e o mal que semeiam o caminho da vida e os contrastes apresentados pelas coisas do mundo: positivo e negativo; ativo e passivo; luz e trevas, etc., e indicam, também, o Espírito e a Matéria, a Virtude e o Vício, proclamando a fusão das raças e a unidade da espécie humana, suscetível de aperfeiçoamento, seja qual for a raça do indivíduo.

O Prumo

O Prumo, geralmente usado na alvenaria, é um pedaço de chumbo suspenso por um cordel. Serve para comprovar que um objeto qualquer está colocado ou não perpendicularmente ao horizonte.

Em Maçonaria, simboliza a atração e a retidão que deve resplandecer em todos os juízos de um bom Maçom. É também o emblema da Justiça e da Equidade que devem ter todas as sentenças emanadas dos tribunais maçônicos. E é para relembrar esses deveres que os sinais dos Graus se fazem sempre pelo Esquadro e pelo Prumo. Permite a correta construção do Templo Maçônico, em que se emprega todo Maçom, por isso é considerado o emblema da retidão de conduta.

O Nível

O Nível é um triângulo, no vértice do qual se acha atado um fio a prumo, que divide o triângulo em dois esquadros certos, isto é, formando dois ângulos de 90°. Esse instrumento serve para traçar linhas paralelas ao horizonte. O Nível é o emblema de um dos grandes princípios da Maçonaria, que considera todos os homens iguais perante as leis naturais e sociais. A essa igualdade maçônica está sujeito o personagem mais poderoso e elevado, como o mais humilde dos iniciados, que não se distingue por outro título senão o de Irmão.

Para Ragon, "o Nível é o êmbolo de igualdade social, base do direito natural. O Nível lembra ao Maçom que todas as coisas devem ser consideradas com serenidade igual e o seu simbolismo tem como corolário noções de medida, imparcialidade, tolerância e igualdade, como também o correto emprego dos conhecimentos. O Nível é o emblema de igualdade das condições humanas e do nivelamento das desigualdades arbitrárias, e nos faz lembrar que ninguém entre nós deve procurar dominar os outros".

14. Sétima Instrução do Grau de Aprendiz

Números

Por Numerologia entende-se o estudo do significado oculto dos números e da sua influência no caráter e no destino das pessoas.

Para Mário Ferreira dos Santos, "a Numerologia é a ciência que pretende estudar os caracteres humanos pelo valor dos números de cada letra do nome, ou de outras palavras, dando um significado oculto aos mesmos".

Etimologicamente, número deriva do latim "numerus", sendo "arithmós" a expressão em grego.

Segundo os dicionaristas modernos, o número é a relação existente entre qualquer quantidade e outra tomada como termo de comparação, que se chama unidade. O número expressa a relação existente entre magnitude e unidade; significa também signo ou conjunto de signos com que é representado o número aritmético.

O poder dos números desenvolve-se desde as partes de um átomo até os mais longínquos e desconhecidos corpos celestes, demonstrando o que seu poder infinito, o que nossa limitada mente humana não podem compreender, mas que acreditam nele da mesma forma que acredita na existência de Deus.

Os mais antigos documentos conhecidos sobre números são umas peças de barro cozido descobertas em Nippur, cidade da antiga Caldeia, fundada pelos sumérios por volta de 3500 a.C. Nessas peças estão gravadas operações de soma, diminuição, multiplicação, divisão e até potenciação e outros cálculos.

Na Antiguidade, porém, os números foram considerados sob um aspecto muito mais elevado, fazendo parte da filosofia ensinada pelos grandes sábios da época. Todas as nações do mundo deram aos números um simbolismo, que desempenhou importante papel nos ensinamentos cabalísticos e herméticos. Alguns números foram considerados felizes e outros infelizes; alguns sagrados e outros místicos.

No Egito, também encontramos vestígios de desenvolvimento de uma ciência matemática: no Papiro de Rhind, atribuído ao escriba Amósis (1650 a.C.).

Segundo os ocultistas, todos os números ímpares são bons, por haver neles três de essência divina; e os pares, isoladamente, perdem as virtudes características e se tornam maus.

Mas é com o sábio, filósofo e matemático Pitágoras de Samos (século VI a.C.) que o simbolismo numeral alcançou seu mais alto nível. Na Escola Pitagórica, o ensino fundamental, no Grau superior, era a ciência dos números desde sua expressão mais simples e esotérica até seu mais profundo significado, passando pelos cálculos, regras matemáticas e imagens e símbolos filosóficos.

Para os pitagóricos, os números são intelectuais ou científicos. O número intelectual subsistia antes de tudo no entendimento divino; é a base da ordem universal e a ligação que encadeia as coisas. O número científico é a causa geradora de multiplicidade que procede da unidade e que nela se resolve. É preciso distinguir a unidade da arte: a unidade pertence aos números, a arte às coisas numeráveis. O número científico é par e ímpar. Somente o número par sofre uma infinidade de divisões em partes sempre pares; não obstante, o ímpar é mais perfeito.

A Numerologia é o estudo qualificado dos números aplicados ao ser humano. Para a Numerologia, os números ou letras nos dizem como somos, com o que viemos a este mundo e qual será o nosso destino. Trata-se de um método de predição do futuro.

A Numerologia tem duas crenças básicas: a vida é cíclica e não linear, e o mundo é dinâmico, está vivo, e tudo que está nele também vibra com sua energia. Os números simbolizariam esse fluxo cíclico de energia e os padrões da vida. Desse modo, cada número teria sua própria vibração e representaria caráter, potencial e oportunidade.

Para a Numerologia o poder e o potencial de tudo na Natureza, incluindo nós mesmos, são mais bem compreendidos mediante o estudo detalhado dos números.

A Numerologia tem as suas raízes no ocultismo e está ligada a antigas artes adivinhatórias.

A sétima instrução trata do conhecimento simbólico dos quatro primeiros números: 1, 2, 3, e 4, que além do valor intrínseco, representam verdades misteriosas e profundas, ligadas a alegorias e emblemas cultuados pela Maçonaria.

O número 3 (três) é primordial no Grau de Aprendiz, pois define a Bateria, a Marcha e a Idade do Aprendiz. O emprego dos números, sobretudo de alguns números, em todos os monumentos conhecidos, é muito frequente, para que se creia que só o acaso os tenha produzido. Todos os povos da Antiguidade fizeram uso emblemático e simbólico dos números e das fórmulas e, em geral, do número e da medida.

Assim, verificamos que todos os povos da Antiguidade tiveram um sistema numérico ligado intimamente à religião e ao culto. E esse fato é o resultado da ideia que então se fazia do mundo, segundo a qual a matéria é inseparável do espírito, o qual exprime a imagem e a revelação.

Enquanto a matéria for, necessariamente, forma e dimensão; enquanto o mundo for uma soma de dimensões, existirá o número, e cada coisa terá seu número, do mesmo modo que sua forma e dimensões.

Há, entretanto, números que parecem predominar na estrutura do mundo, no tempo e no espaço, e que formam, mais ou menos, a base fundamental de todos os fenômenos da Natureza. Esses números foram tidos sempre como sagrados pelos antigos, representando a expressão da ordem e da inteligência das coisas, exprimindo, mesmo, a própria divindade.

Se, com efeito, supusermos que as coisas materiais são, apenas, um invólucro que cobre o invisível, o imaterial; se as considerarmos somente como símbolos dessa imaterialidade, com mais forte razão, os números, concepção puramente abstrata, poderão ser julgados sagrados, pois que eles representam, até certo ponto, a expressão mais imediata das Leis Divinas ou da Natureza.

A China, a Índia, a Grécia, mesmo antes de Pitágoras, conheceram e empregaram a "Ciência dos Números", e seu simbolismo é, em grande parte, baseado nessa ciência.

Vemos, pois, que os números se prestam, facilmente, a se tornarem símbolos, figuras das ideias simples e de suas relações. E toda a doutrina das relações morais e de ligação indestrutível com o mundo material, isto é, a filosofia, foi sempre exposta por um sistema numérico e representada por números.

Número Um

O número um, a unidade, é o princípio dos números, mas a unidade só existe pelos outros números. Todos os sistemas religiosos orientais começaram por um ser primitivo. Conquanto esta abstração não tenha, positivamente, uma existência real, possui, contudo, um lado positivo, que o torna suscetível de uma existência definida; é o que os antigos denominavam Porthos, isto é, o desejo ou a ação de sair do absoluto, a fim de entrar no real, considerado por nós concreto. Nos sistemas panteístas, nos quais a divindade é confundida com o todo, ela tem o nome de unidade. A unidade só é compreendida por efeito do número dois; sem este, ela se torna idêntica ao todo, isto é, identifica-se com o próprio número. A natureza do número dois, em sua relação com a unidade, representa a divisão, a diferença.

Para Pitágoras, o um e a díade eram considerados os geradores de todos os demais números. Pitágoras conseguiu antecipar a importância que a ciência moderna dá aos números, o que, finalmente, veio a ser comprovado pela teoria atômica.

Platão empregou e desenvolveu as ideias de Pitágoras. A partir de Platão, o princípio do Um mescla-se com as noções de beleza, verdade e bem, trazendo à superfície um eterno princípio de Unidade.

Para Aristóteles, o Um refere-se ou ao que é naturalmente contínuo, ou ao princípio de totalidade, ou ao indivíduo ou ao Universo, como uma unidade.

No Neoplatonismo, o Um é o nome ou símbolo de Deus, que teria gerado o Universo inteiro por meio das emanações provenientes de sua realidade superessencial. Essa unidade é um conceito panteísta.

O número um, nas tradições dos mistérios maiores, simboliza a Unidade Presente (inconsciente) em cada um de nós. Seu nome ou caminho de perfeição sempre foi apontado pelos antigos como: Eu Sou, Alef, Vida, Energia, Consciência, Adão, Adi, Mago, Filho, Unidade, Rei, Altíssimo, Mundo das Causas, etc.

O número um também tem seu significado nos mistérios menores: Originalidade, Criatividade, Vontade, Atividade, Liderança, Ser Lógico, Independente, Objetivo, Prático, Pioneirismo, Afirmativo, Iniciativa, Idealista, Enérgico, etc.

Na Bíblia, o número Um é o símbolo ocasional de unidade e de caráter ímpar. O Senhor Deus é o "único senhor". É o número do monoteísmo. A raça humana veio de um só homem, pelo que forma uma unidade. O pedrado penetrou no mundo por meio de um único homem: Adão; mas outro tanto sucedeu no caso da retidão, pelo que temos o primeiro Adão e o segundo Adão. Cristo ofereceu-se em um único sacrifício expiatório, suficiente para os pecados do mundo inteiro e de todas as épocas.

No Manual de Aprendiz (Magister) observa-se: "O número Um representa a centelha criadora, o princípio de todos os números. Ele representa o Ser Divino, o todo. No Rito Escocês Antigo e Aceito, ele simboliza o Grande Arquiteto do Universo".

"A primeira lei ou Princípio a ser conhecido e que caracteriza e diferencia o verdadeiro filósofo iniciado é a Unidade do Todo, enunciado já pelos Antigos: no teu PAN – 'Uno o Todo'. O todo é Uno na sua realidade, na sua essência e na sua substância íntima e fundamental; o todo vem da Unidade, o todo está contido e sustentado pela Unidade; o todo se conserva, vive e existe na Unidade; o todo se dissolve e desaparece na Unidade."

"A Unidade está simbolizada naturalmente pelo ponto, origem da linha reta, do círculo e de toda figura geométrica (é o ponto superior que, ao refletir-se no seu aspecto dual, representado pelos dois pontos inferiores, dos três pontos, que caracterizam os Maçons)."

A Unidade deveria ser considerada a fonte criadora de todos os números, por adição, reproduz a todos. A Unidade não tem partes, é estável, invariável, tudo a contém; se dividida por ela, o resultado continua sendo ela e até as suas potências e raízes são elas mesmas. Por isso o Uno é considerado incorruptível, sendo mais uma razão para encontrar nele a representação da Divindade.

A Unidade é o símbolo da identidade, da igualdade, da existência, da conservação e da harmonia geral. O algarismo 1 significou o homem vivo (corpo que se mantém em pé), o homem é o único dos seres vivos gozando dessa faculdade. Acrescentando-lhe uma cabeça, obteve o signo (P) da paternidade, da potência criadora; o (R) significa o homem em marcha, indo: *iens, iturus*.

O Um representa Deus, o criador, origem de todas as coisas, como Pai, porque é o fato ereto da potência geradora. Simboliza o homem, o princípio masculino. A primeira noção que o homem teve de si mesmo. Colocando um ponto no centro do círculo, temos a ideia de semente.

Magister diz: "O Ponto, como símbolo da Unidade, é um centro, o Centro do Todo, o Centro Onipresente que contém, na sua totalidade e unidade, o espaço, o tempo e todas as coisas existentes. Não existe lugar onde ele não possa ser encontrado e que deixe de ser uma manifestação ou um aspecto parcial desta Sublime Unidade que, por sua vez, constitui a Eternidade e o Reino do Absoluto".

"Este Todo é evidentemente o ser, isto é, o que é 'Ego sum qui sum'; eis aqui a definição da realidade que constitui o Grande Todo, a essência e substância de toda coisa, potencialmente contida em todo 'ser' e parcialmente manifestada em toda existência, e na qual vivemos, nos movemos e sentimos que possuímos nosso ser."

É a Unidade, a Mônada, o Uno, a Causa Primeira, Princípio Criador dos números e de tudo o que existe. Na tradição hindu, Brahma, Ilimitado, não se confunde com nada, pois encerra todas as coisas, portanto, está associado a Deus – afirmação, inteligência que cria a imagem, integridade-integralidade.

Para Magister, "a Luz Maçônica consiste na realização deste discernimento fundamental e que nos faz progredir constantemente em inteligência desde o Ocidente, Reino da Ilusão, da Multiplicidade e da Aparência, até o Oriente, Reino do Real, da Unidade e do Ser. No Ocidente vemos a manifestação do Um na diversidade dos seres e das coisas, sem aparente nexo ou relação entre elas, enquanto no Oriente podemos reconhecer a Unidade na Multiplicidade (Unidade essencial, substancial e imanente, numa multiplicidade aparente, contingente e transitória) e o laço ou relação interior que unifica a multiplicidade externa. Cada ponto no espaço é um centro e um aspecto do Ser, um Centro e um aspecto desta Unidade que tende a reproduzir dentro de si as infinitas potencialidades: deste modo, no infinitamente pequeno está contido o Mistério do Todo e do Infinito, e em cada aspecto do Ser há indistintamente todas as potencialidades do Ser e da Unidade".

O Um representa o Eu, a personalidade definida do ser, vontade de existir e criar; energia em seu estado natural, positivo, único e original. Indivisível, a não ser por ele mesmo; ainda que multiplicado por si, permanece único, imutável até o infinito. Tem substância perpétua, portanto, ou a totalidade: Deus, a Primeira de todas as coisas e Criador de todas elas. Fócio nos conta que os pitagóricos lhe deram os seguintes nomes:

a) Deus, primeira de todas as coisas, o criador de todas as obras;
b) Intelecto, a fonte de todas as ideias;

c) o Sol;
d) Apolo;
e) Pirálio, habitante do fogo;
f) Morfo;
g) o Eixo;
h) Vesta ou fogo no centro da terra.

Número Dois

O número dois é um número terrível, um número fatídico. É o símbolo dos contrários e, portanto, da dúvida, do desequilíbrio e da contradição. Como prova disso, temos o exemplo concreto de uma das sete ciências maçônicas – a Aritmética, em que $2 + 2 = 2 \times 2$.

Até na Matemática o número dois produz confusão, pois, aos vermos o número 4, ficamos na dúvida se é o resultado da combinação de dois números dois pela soma ou pela multiplicação, o que não se dá, em absoluto, com outro qualquer número. Ele representa: o Bem e o Mal; a Verdade e a Falsidade; a Luz e as Trevas; a Inércia e o Movimento; enfim, todos os princípios antagônicos adversos. Por isso, simbolizava na Antiguidade, o "inimigo", símbolo da Dúvida, quando nos assalta o espírito.

O número dois representa a divisão dos sexos, queda, discernimento, polaridade, possuidor da luz, Prometeu, portal, tempo-espaço, feminino, Eva, passividade, Mundo das Leis, Joana D'Arc, papisa, delicadeza, diplomacia, inquieto, intuitivo, sentimental, misterioso, emotivo, duvidoso, artístico, temporal, mãe, filha, divina, etc.

A Natureza é o reflexo de Deus, a exteriorização do movimento faz aparecer a polaridade, fonte de toda a multiplicidade, de toda diversidade. Na tradição hindu, representa Shiva. O dois é diferenciação, é o número da dúvida, portanto o antagonismo, a polaridade e a dialética; os opostos, aparentemente incompatíveis e irredutíveis, porém complementares, equilíbrio dos extremos.

É o intervalo entre a multiplicação e a mônada. Causa de volume e divisão; intelecto intangível. A vida se exprime e evolui no mundo da relatividade: com efeito, qualquer estrutura rígida que ela encontra não é de ordem Dívida Incognoscível. Foi chamado na Antiguidade de:

a) Audácia, por ser o primeiro número a se separar do Divino Um;
b) Adito do silêncio alimentado por Deus, como diziam os oráculos caldeus.

A dualidade introduz-nos na fatal alternativa da Unidade ou Bem a saber o Mal; e em muitos outros contrastes humanos e naturais: noite e dia, luz e escuridão, úmido e seco, quente e frio, saúde e doença, verdade e erro, masculino e feminino, com que o homem, tendo decaído de seu estado superior, do espírito para a matéria, não pode deixar de se associar. O dois é um número de luto e morte.

O Aprendiz não deve se aprofundar no estudo deste número, porque, fraco ainda, do cabedal científico de nossas tradições, pode enveredar pelo caminho oposto ao que devia seguir.

Esta é ainda uma das razões pelas quais o Aprendiz é guiado em seus trabalhos iniciáticos: sua passagem pelo número dois, duvidoso, traiçoeiro e fatídico, pode arrastá-lo ao abismo da dúvida, do qual só sairá se o forem buscar.

A Unidade é a causa primeira, o princípio criador dos números e o ponto em se geram as linhas. Estando só a Unidade não pode produzir; para isso é necessário que se oponha a si mesma, que se descubra. Assim se obtém o dois, o número binário. Um é ativo, dois é passivo. Um é Deus, dois é a Natureza. Um é o homem, dois é a Mulher. Um é o Ser, dois é o reflexo. Um é a energia, dois é a oposição, a divisão.

O número dois não existe por si só; é reflexo da Unidade. Assim, a Natureza é o reflexo de Deus, e a Mulher o reflexo do homem. O dois é o símbolo da imperfeição.

Somando duas unidades ou mônadas, obtemos o número dois, duada ou binário, que simboliza a capacidade geradora da mônada.

Pitágoras simbolizou muito bem este caráter do número dois, definindo que é o estado imperfeito em que cai o homem quando é desprendido da Unidade ou de Deus. Aqui começa a aparecer o aspecto dual do número dois, pois igualmente como nos oferece a possibilidade do conhecimento da ciência do Bem, também podemos cair na fácil tentação da ciência do Mal, da ignorância e do atraso.

O dois também é criador, pois, para sair da ignorância temos que estudar; quando estamos em dificuldades temos que nos esforçar para superá-las; para os problemas que procuramos soluções a natureza desenvolve um órgão para superar uma necessidade; uma peste origina novas descobrimentos científicos. Por isso falamos que dois representa a ciência, pois para produzir o conhecimento precisamos de dois elementos: um capaz de conhecer e outro que possa ser conhecido.

O homem, ficando confuso neste mundo de céu, terra e água, luz e trevas, e desejoso de ter o conhecimento de Deus, como do fruto da árvore da ciência do bem e do mal, criou o primeiro binário filosófico. Assim, o homem é lançado fora do Éden e começa a sua mais formidável busca, tentando regressar à unidade primitiva. Corre e traz o rastro da Divina Unidade, mas a marca que deixou nele a árvore do bem e do mal não lhe permitirá retornar jamais ao Éden, ficando ele debatendo-se em um mundo de contrários representado pelo número dois.

Porém, nem tudo é terrível no número dois. Por causa de seu poder de contrastes, ele nos permite perceber objetivos ou realidade, diferenciado-os contra seus contrários; em um mundo só de luz seríamos tão cegos como em um mundo dominado pelas trevas.

Da mesma forma que o Uno representa a harmonia, a ordem e o bem como princípio, o dois oferece a ideia contrária; simboliza a divisão, a antítese que sempre nega o espírito que recusa se deter em um abrigo a esperar que acabe a tempestade; é a dúvida sistemática que não aceita sem fundamentos a disputa perpétua. Vejamos, o número dois representa o opositor impotente, o espírito teimoso, mais é justamente por causa disso que somos obrigados a criar, a estudar, a descobrir procedimentos sensatos. E se não tivermos a vontade, a capacidade, a ajuda para alcançar o conhecimento, a nossa fraqueza nos levará à esterilidade, ao fácil caminho do mal.

O mal, às vezes, nos aparece disfarçado por algumas características do bem, sendo essa outras faces perigosas do dois, que não estabelece um limite definido que separe os dois campos. Por exemplo, durante o dia recebemos a luz magnífica do astro Sol, mas no entardecer essa luz vai sendo vencida pelo avanço das trevas, chegando um momento em que resulta difícil dizer se estamos no dia ou na noite, ficando na indecisão.

Mesmo que o todo seja uno em essência e realidade, tudo se manifesta e aparece como dois. A Unidade e a Dualidade encontram-se intimamente entrelaçadas indicando, a primeira, o Reino do Absoluto e, a segunda, sua expressão aparente e relativa, sem que haja qualquer separação verdadeira entre esses dois aspectos (ou percepções diferentes) da mesma realidade.

A dualidade começa no próprio domínio da consciência, com a separação entre o "eu" e o "aquele", entre o sujeito e o objeto (sujeito conhecedor e objeto conhecido), constituindo-se, portanto, no fundamento de todo o nosso conhecimento e experiência interior e exterior. Não deve, pois, maravilhar-nos que, ainda que o sentimento da dualidade esteja fortemente arraigado na ilusão de nossa personalidade, seja para nós difícil fugirmos dessa dualidade e, assim, podermos chegar à perfeita consciência da Unidade transcendente do Todo, onde a ilusão da dualidade – base de nosso pensamento ordinário – estará completamente superada.

Aos nossos dois olhos somam-se os dois ouvidos e os dois hemisférios cerebrais, todos eles instrumentos orgânicos da nossa inteligência, aos quais se acrescem nossas duas mãos e nossos dois pés, instrumentos da nossa vontade. Cientes de que nosso pensamento ordinário se baseia naquilo que vemos e ouvimos, é evidente que nossa visão exterior das coisas seja "marcada" de forma invariável por essa dualidade, misticamente simbolizada pela Árvore da Ciência do Bem e do Mal, cujo fruto, ao comê-lo, faz com que se perca momentaneamente a consciência da unidade, consciência que constitui a nossa Sabedoria instintiva e primordial (anterior à queda no domínio dual da consciência material).

A linha reta, produzida pelo movimento de um ponto que se desloca de um extremo ao outro (representados pelos dois infinitos), é o emblema da vida individualizada.

Número Três

A Unidade acrescentada ao número dois revela o número três, terceiro princípio que é o ternário. É o primeiro número que se separa da unidade e equilibra as forças opostas; é o número que coloca justiça nos pares contraditórios.

É a primeira manifestação de Deus. Na tradição hindu, é Vishnu. É o número do Aprendiz. Representa as forças primordiais, equilibradas e na mais perfeita proporção dos átomos e moléculas, sintetizando a harmonia resultante da analogia dos contrários.

Do choque entre nossa consciência individual, UNO, e o mundo externo, DOIS, surge em cada um de nós uma representação que se traduz na consciência de um ser supremo, origem da vida e do mundo, conhecido como Deus.

O três é o número capaz de dar a solução, já o número dois é afirmação e negação; é o número que dá a síntese e dá antítese. Tudo é triplo e único, em tudo achamos os três elementos: um agente que atua, um paciente que recebe e um efeito produzido; um primeiro termo ativo, um segundo termo passivo e um terceiro neutro ou de equilíbrio.

Os povos da Antiguidade consideraram o três da maior importância. Para Virgílio (70-19 a.C.): "Omne trinum perfectum" (todo número três é perfeito). É a Trindade de todas as tradições, o triângulo equilátero, o Verbo Solar, Mundos dos Efeitos, três mundos, Imperatriz, três esferas, o Sol do Pai-Mãe-Filho, equilíbrio universal, a palavra pensada, dita, Lei Maior, expressão, comunicação, escrever, falar, representar, harmonioso, simpático, alegre, pintura, teatro, sensibilidade, clareza, paz, entendimento, intelectual, tranquilidade, etc.

Os romanos e os gregos declararam que o três é um número agradável aos deuses. Xenocrato representa a Divindade por um Triângulo equilátero, primeira e mais perfeita das figuras geométricas, já que tem três lados e três ângulos, simbolizando os três aspectos do Ser Supremo: a Vontade, a Sabedoria e a Inteligência. O Signo 3 está formado por dois semicírculos que podem conceber o círculo completo, que é o símbolo da Alma, o princípio que reúne em si mesmo o oculto e o manifestado.

Primeiro número ímpar instável: soma do primeiro número ímpar (um) com o primeiro número par (dois), portanto, tem-se a escolha ou livre-arbítrio a partir desse número, com o triângulo para cima ou para baixo, conforme a vontade do indivíduo.

O Ternário é o princípio da razão, constitui um sistema de conhecimento, por isso expressamos que o três é o aspecto mais inteligente da unidade.

O triângulo, entre as superfícies, é a forma que corresponde ao número três, e tem a mesma significação dele. Assim, como o número três é o primeiro completo da série numérica, do mesmo modo o triângulo o é entre as formas, pois, sendo o ponto e a linha, por si sós, imperfeitos, necessárias são três dimensões para que um objeto tenha forma e esteja completo. O triângulo, conquanto composto de três linhas e três ângulos, forma um todo completo e indivisível. Todos os outros polígonos subdividem-se em triângulos, e estes são os tipos primitivos que servem de base à construção de todas as outras superfícies. É, ainda, por essa razão que a figura do triângulo é o símbolo da existência da divindade, bem como de sua "potência produtora" ou da evolução.

Fócio observa que a tríade é o primeiro número ímpar em energia, o primeiro número perfeito, e é um intermediário e uma analogia.

Os pitagóricos relacionavam à fisiologia; é a causa de tudo que tenha a dimensão tríplice. Era considerado patrono da Geometria Sagrada, porque o triângulo equilátero é a principal das figuras.

Três é o número da Luz (Fogo, Chama e Calor). Três são os pontos que o Maçom deve orgulhar-se de apor à sua assinatura, pois esses três pontos, como Delta Luminoso e Sagrado, são emblemas dos mais respeitáveis: representam todos os ternários conhecidos e, especialmente, as três qualidades indispensáveis ao Maçom, vontade, amor ou sabedoria e inteligência. Essas qualidades são absolutamente inseparáveis umas das outras, pois devem agir em perfeito equilíbrio no candidato à Iniciação, para que ele possa ter a Iniciação real, vivida e não emblemática. Assim, suponhamos um ser dotado, unicamente, de vontade, de energia, mas sem o menor sentimento afetuoso e desprovido de inteligência, teremos um verdadeiro bruto. Dotando-o de inteligência, e suprimamos-lhe a vontade e a sabedoria, que é a expressão do Amor, teremos o pior dos egoístas e dos inúteis; um terreno onde a boa semente não germinará e que as ervas daninhas inutilizarão.

Damos-lhe, enfim, unicamente o Amor (Sabedoria) sem a vontade e inteligência, e veremos que sua bondade é inútil, suas melhores aspirações serão condenadas à esterilidade, porque não serão, jamais, acionadas por uma vontade forte, agindo sob o controle da razão.

Assim, o ser dotado de vontade e de inteligência, mas sem sentimento afetuoso (amor) para com seus semelhantes, poderá ser um gênio, mas, forçosamente, será também um monstro de egoísmo e, como tal, condenado a desaparecer. Possuindo amor e inteligência, porém não tendo vontade nem energia, o ser será uma criatura mole, de caráter passivo, que, embora não faça mal a ninguém e cultive belas aspirações e elevado ideal, jamais chegará a realizá-lo, por lhe faltar a energia; será, em resumo, um inútil.

A energia unida ao Amor daria melhor resultado, entretanto, a falta de inteligência impedi-lo-ia de ser bom e ativo, de fazer obra verdadeiramente útil, porque o discernimento, função da inteligência, lhe faltaria. Não poderia aplicar suas belas qualidades; correria o perigo de, sob a direção de um mau intelecto, tornar-se servidor das forças do mal, por falta de discernimento. Finalmente, conclui-se que todo Maçom que quiser ser digno desse nome deve cultivar igualmente essas três qualidades representadas pelos três pontos que apõe à sua assinatura, como as três estrelas que brilham no Oriente da Loja.

Ainda assim, o ternário poderá ser estudado sob outros pontos de vistas, como:

- Do tempo: passado, presente e futuro;
- Do movimento diurno do sol: nascer, zênite e ocaso;
- Da vida: nascimento, existência e morte – mocidade, madureza e velhice;
- Da família: pai, mãe e filho;
- Da constituição do ser: espírito, alma e corpo;
- Do hermetismo: archêo, azoth e hylo;
- Da gnose: princípio, verbo e substância;
- Da cabala hebraica: keter (coroa), hokma (sabedoria) e binah (inteligência);
- Da trindade cristã: Pai, Filho e Espírito Santo;

- Da Trimurti: Brahma, Vishnu e Shiva – sat, chit e ananda;
- Dos "três gounas" ou qualidades inerentes à substância eterna (maia) na Índia: tamas (inércia), rajas (movimento) e sattva (harmonia);
- Do Budismo: Buda (iluminado), dharma (lei) e sanga (assembleia dos fiéis);
- Do Egito: Osíris, Ísis e Hórus – Ammon, Mouth e Khons;
- Do Sol, no Egito: Hórus (nascer), Ra (Zênite) e Osíris (ocaso);
- Da Caldeia: ulomus (luz), olosurus (fogo) e elium (chama).

Na Maçonaria, o Aprendiz encontrará em toda parte o número três, o ternário do qual o Delta Sagrado é o mais luminoso e, talvez, o mais puro emblema. Também, simboliza as três grandes Colunas: Sabedoria, Força e Beleza, que representam as três luzes, colocadas, a primeira no Oriente, a segunda no Ocidente e a terceira no Sul, como as três portas do Templo de Jerusalém.

No centro do Delta está a letra IOD, inicial do tetragrama IEVE, símbolo da grande Evolução ou do que existiu, do que existe e do que existirá. O Tetragrama IOD-HE-VAU-HE, apesar de se compor de quatro letras, tem só três diferentes – IOD-HE-VAU – para simbolizar as três dimensões do corpo: comprimento, largura e altura ou profundidade.

O Tetragrama, com suas quatro letras, lembra ao Aprendiz que ele passou pelas quatro provas dos elementos: Terra, Ar, Água e Fogo, e que tendo recebido a Luz, pode caminhar sozinho no Templo, embora ainda auxiliado pelos conselhos dos Irmãos e pela experiência dos mestres. Sente-se responsável por si mesmo e sabe que seus pensamentos, palavras e obras devem demonstrar, sempre, a consciência de seu juramento ao ingressar no Tempo do Ideal, cujo serviço aceitou livremente, sem constrangimento, nem restrição de espécie alguma.

Esse número simboliza a Divina Trindade no processo de sua manifestação com seus atributos de criação, conservação e destruição e, também, é emblema do equilíbrio, donde se funda nos opostos ou surge um terceiro (mãe, pai e filho), fundamento de toda expressão generativa e regenerativa da Natureza. Os três elementos, sal, enxofre e mercúrio, integravam a fórmula secreta da pedra filosofal.

Síntese, reunião, resolução, criatividade, versatilidade, onisciência, nascimento e crescimento – representa o número mais positivo não só no simbolismo, mas também no pensamento religioso, na mitologia, na lenda e no folclore, no qual é muito antiga a tradição de que, após fracassar nas duas primeiras tentativas de fazer algo, na terceira, a pessoa será bem-sucedida. A doutrina cristã da Trindade, que permitiu que um Deus monoteísta fosse reverenciado por intermédio do Espírito Santo e da pessoa de Cristo, é um exemplo de como o três pode substituir o um como símbolo de uma unidade mais versátil e poderosa. Deuses de três cabeças ou desdobrados em três, tais como o grego Hécate ou a celta Brigite, tinham funções múltiplas ou controlavam diversas esferas. O deus egípcio das pseudociências ocultas, Toth, foi chamado pelos gregos de Hermes Trismegisto: "Hermes três vezes grande". As tríades religiosas são comuns – o trimúrti hindu de Brahma (criador), Vishnu (sustentador) e Shiva (destruidor); os três Irmãos – Zeus (Júpiter, na mitologia romana), Poseidon (Netuno) e Hades (Plutão), que controlavam o mundo grego com o triplo atributo, os raios trifurcados, o tridente e as três cabeças do cão Cérbero; as três grandes divindades incas do Sol, da Lua e da Tempestade; os três Irmãos que controlavam os paraísos na China.

Outras figuras mitológicas e alegóricas ocorrem também com frequência em número de três, como as Parcas (nas tradições grega e nórdica), as Fúrias, as Graças, as Harpias, as Górgonas, ou as virtudes na teologia cristã: Fé, Esperança e Caridade. Três é um número muito repetido no Novo Testamento: os três Reis Magos; as três negações de Pedro; as três cruzes do Gólgota; a ressurreição depois de três dias. Três era o número da harmonia para Pitágoras e da completude para Aristóteles, tendo começo, meio e fim. Em outras tradições, entre elas o taoismo, o número três simbolizava força por implicar um terceiro elemento. Do ponto de vista político, o três foi o primeiro número a tornar possível a ação executiva por uma maioria, como nos triunviratos romanos. Na China, era o número auspicioso que simbolizava santidade, lealdade, respeito e refinamento. Era o número dos tesouros sagrados japoneses: o espelho, a espada e a joia. No Budismo, era o número de escrituras sagradas, o Tripitaka. No Hinduísmo, era o número de letras da palavra mística Om (Aum), que expressa o ritmo ternário do cosmo inteiro e da divindade. Três é, significativamente, o número da unidade familiar, a menor tribo. Simboliza o corpo, a alma e o espírito individuais. Na África, era o número da masculinidade (pênis e testículos). Nas relações entre os sexos, é emblema de conflito (três é demais), o eterno triângulo. Por outro lado, três em geral é visto como número de sorte, possivelmente por simbolizar a resolução de um conflito – uma ação decisiva que pode levar ao sucesso ou ao desastre. Nas lendas populares, os desejos são concedidos em três. Heróis e heroínas podem fazer três escolhas, passar por três provações ou receber três oportunidades de serem bem-sucedidos. As ações rituais costumam ser feitas três vezes, como nas abluções diárias islâmicas, nas saudações ou augúrios. O símbolo gráfico de três é o triângulo. Outros símbolos triformes incluem o tríscele (forma de suástica, com três pernas, em vez de quatro), o trifólio, o trigrama chinês, o tridente, a flor-de-lis, três peixes com uma única cabeça (que representam as fases da Lua).

Na Bíblia, o três é a unidade na multiplicidade. Esse é o número da trindade: três pessoas, mas uma só substância. Três dias marcam um ponto terminal, pois Jesus ressuscitou ao terceiro dia. Três discípulos especiais eram íntimos do Senhor Jesus; o Santo, Santo, Santo indica a perfeita santidade de Deus. A trindade da família é: Pai, mãe e filho.

O três é o número fundamental do princípio masculino, ao lado do um, número do divino, e do dois, número do feminino. O elemento do três é a água, e a figura geométrica que lhe é atribuída é o triângulo. Triângulo e água também são ligados entre si no símbolo médico-alquimista. Em todas as religiões, o três tem inegavelmente um papel fundamental. São considerados de especial importância a segunda e a terceira potência de três, ou seja, três é igual ou diferente de 3 x 3 = 9; três é igual ou diferente de 3 x 3 x 3 = 27, que são vistos como reforço do poder simbólico de três.

Da união da unidade com a dualidade, nasce o terceiro princípio: três, o ternário, que é neutro.

Segundo Éliphas Lévi: "este número é a expressão do amor, porque é o nó misterioso que une o ativo com o passivo, o homem com a mulher; é o filho que participa do pai e da mãe, sem ser nenhum deles".

Diziam os pitagóricos que todas as coisas podem ser vistas como um, na sua unidade; como dois, nos opostos, como três, nas relações que formam entre os opostos.

O três é a existência, é o pêndulo girando da direita para a esquerda, ou vice-versa, produzindo o equilíbrio e o movimento. O três é a Trindade Divina: Vita, Verbum, Lux. O Pai é a Vida, isto é, o poder e a força, sendo o característico desta vida – a expansão. O Filho é o Verbo, a palavra que sintetiza a Forma. O Espírito é a Luz, que não é substância nem inteligência, mas o resultado da inteligência com a substância.

O três é, portanto, o movimento que forma o equilíbrio, passando sucessivamente de um ponto para outro.

Três é um símbolo de clareza, de inteligência e de compreensão; é o número de luz. Por este motivo o três tem uma importância excepcional para os Maçons. Os três pontos, de que se faz acompanhar a assinatura, indicam ao iniciado que deve colocar-se acima das vãs discussões, e que tem o dever de observar as coisas de forma a achar a solução de um debate contraditório.

TRÍADES NA RELIGIÃO

A palavra tríade vem do grego "trias" (triados), grupo de três. No campo religioso, a Tríade Divina é um grupo de três deuses, com frequência representados como se formassem uma família divina, como pai, mãe e filho; ou simplesmente como os três deuses de um sistema politeísta que, por muitos anos ou mesmo séculos de evolução doutrinária, tornaram-se os três deuses principais. Nas fés religiosas há uma tendência por desenvolver essas tríades, de tal modo que muitas religiões, de variados tipos, exibem esse conceito.

Na Índia, a tríade compõe-se de Brahma (o Criador), Vishnu (o Salvador ou Preservador) e Shiva (o Destruidor). É óbvio que esses três deuses representam o grande ciclo da vida, tanto agora quanto na vida pós-túmulo, podendo incluir a ideia de reencarnação.

Na Babilônia, temos Anu (deus do ar), Enlil (deus da água) e Ea (deus da terra), pelo que ali a tríade representa os principais elementos de existência, conforme a existência, que os babilônios haviam deificado.

No Egito, havia uma tríade que formava uma família, a saber, Ísis (a mãe), Osíris (o pai) e Hórus (o filho). Osíris foi morto e desmembrado pelo deus maligno, Seth, mas Hórus reconstituiu os membros de seu pai e o ressuscitou. Em algumas histórias, Ísis é quem realiza esse serviço. Portanto, temos aí a distorção que faz o pai ser ressuscitado pelo poder do filho (ou da mãe).

No Budismo, as coisas ficaram complicadas. Encontramos Manjusri (a sabedoria), Samantabhadra (a excelência) e Avalokiteshvara (olhar compassivo). Esses são chamados de os três santos. Mas há outra tríade, formada por Bhaiashajavaguru (senhor do paraíso perdido), Sakayamuni (senhor deste mundo) e Amitabha (senhor do paraíso futuro). Finalmente, os três deuses: Manjusri, Vajrapani e Avalokeshvara (o mais importante dos três) incorporaram o princípio e o ideal do poder.

Na religião dos etruscos, Júpiter, Minerva e Juno eram os três deuses principais. Não havia qualquer relação de parentesco entre eles, mas apenas representavam as três divindades que exerciam maior poder e influência.

No Taoismo, encontramos ali as três purezas: Ching (essência), Chi (força vital) e Shen (espírito). Também são chamadas T'ien-chun (celestialmente honrado, senhor da joia do céu), Wu-shih T'ien-chun (celestialmente honrado, sem origem) e Fan-hsing T'ien-chun (celestialmente honrado em forma de Brahma). Isso em meio a miríades de divindades menores.

No Zoroastrismo, o ser divino é ali concebido como uma tríade: Sraosha, Mithra e Rashnu. Esses vultos seriam deuses pessoais, que ajudariam os homens de muitas maneiras diferentes. Assim, Sraosha protege os homens e luta contra os demônios. Mithra é um herói divino que realiza muitas façanhas, devotando-se ao serviço da humanidade, com lavores de natureza remidora. E Rashnu é o espírito da verdade. Ele é o juiz da humanidade. Ninguém pode enganá-lo e seus juízos são absolutamente justos.

No Cristianismo, é claramente ensinada a Triunidade, composta de Pai, Filho e Espírito Santo. Eles são aspectos diferentes de uma unida deidade.

Número Quatro

O número quatro representa a Terra. Pitágoras o considerava sagrado, porque representava os quatro elementos da Natureza: ar, terra, água e fogo.

Tetra em grego simbolizava a potência matemática e a virtude geradora. Símbolo do princípio eterno e criador, o quaternário é o símbolo do que é físico, palpável, visualizador. Em Numerologia, o número quatro significa materialidade, ou seja, a ausência da espiritualidade.

O quatro também simbolizava a cruz. Como todos os demais números, o quatro presta-se ao jogo filosófico das combinações, como, por exemplo, a soma da trindade com a unidade. Contudo, na Maçonaria, representa o primeiro dos Graus Inefáveis, os ladrilhos que compõem o Pavimento de Mosaicos e o número que compõe o nome de Deus, por suas quatro letras.

Representa compreensão, ubiquidade onipotência, solidez, organização, poder, intelecto, justiça, estabilidade, terra. O simbolismo do quatro é tirado primariamente do quadrado e da cruz de quatro braços. O quadrado era o emblema da terra na Índia e na China. A cruz de quatro braços é o emblema mais comum da totalidade, as quatro direções do espaço. O significado desses quatro pontos cardeais, tradicionalmente considerados governados pelos deuses poderosos do vento e das condições meteorológicos, levou ao domínio do número quatro na religião e nos rituais da maior parte da América pré-colombiana. Os quatro deuses celestes do panteão, mais os quatro deuses criadores dos astecas e os quatro mundos da criação na tradição hopi do Arizona, todos apontam para esse tema fundamental. Como símbolo de universalidade, o quatro dificilmente era menos importante na geografia celeste em outros lugares. O conceito de quatro rios que fluem da Árvore da Vida no paraíso e trazem a dádiva da nutrição espiritual ou imortalidade é comum nas tradições babilônicas, iranianas, cristãs, alemãs, nórdicas, indianas e budistas. Os deuses de quatro faces, como Amon-Rá no Egito e Brahma na Índia, simbolizam suas soberanias sobre todos os elementos. Como símbolo emblemático da ordem terrestre e universalidade, o quatro também era o número de castas na sociedade indiana. As quatro letras YHVH delineavam o nome hebraico impronunciável de Deus. As 12 tribos de Israel eram agrupadas sob quatro emblemas: homem, leão, touro e águia. Estes se tornaram os emblemas cristãos respectivamente para os quatro evangelistas, Mateus, Marcos, Lucas e João. Os muitos outros símbolos quaternários da Bíblia, como os cavaleiros do Apocalipse, igualmente expressam a ideia de universalidade.

Quatro era, em termos pitagóricos, o primeiro número que formava um sólido – o tetraedro, com a base e três lados. Por simbolizar a força estabilizadora da religião, bem como a universalidade, o quadrado constituía a base da maior parte da arquitetura sagrada.

Acreditava-se que o mundo ou o céu eram sustentados por quatro colunas (Egito) ou gigantes (América Central). A guardiania das direções do espaço era outro símbolo quaternário. No processo de mumificação egípcio, quatro jarros com cabeça em forma de guardião acondicionavam as vísceras do morto. Um corpo exposto em câmara ardente ainda é convencionalmente velado por quatro guardas. Como número racional, quatro simbolizava o intelecto. Nas tradições ocidentais antigas, havia quatro elementos: terra, ar, fogo e água – e quatro humores. A psicologia junguiana continuou essa tradição ao considerar a psique humana em termos de quatro aspectos fundamentais: pensamento, sentimento, intuição e sensação. Entre os símbolos gráficos do quatro, além do quadrado e da cruz, estão a suástica e o quadrifólio.

Na Bíblia, o mundo considerado completo, com o tetragrama divino, Yahweh (ou seja, YHWH); quatro rios que fluíam do jardim do Éden; os quatro cantos da terra; os quatro ventos; as quatro criaturas viventes do céu. O quatro é algo completo e são; todas as faculdades mentais. Quatro pessoas representam a família ideal; o alcance inteiro de alguma coisa. A deidade (três) mais a matéria (o restante).

O quatro é o número fundamental do feminino, também considerado número cósmico e da harmonia, baseia-se na segunda potência de dois, ou seja, dois elevado a dois que é igual a $2 \times 2 = 4$. Com as quatro estações do ano, é expressão da Mãe Terra = 4. Assim o dois com seu princípio materno se expande para o cosmo de limitação quádrupla. Como número simbólico, o quatro está estreitamente relacionado com o quadrado e a cruz. É o número dos quatro pontos cardeais e, consequentemente, dos quatro ventos principais, dos quatro elementos (fogo, ar, água e terra), dos quatro temperamentos, dos quatro rios do paraíso, dos quatro evangelistas, das 4 faces da vida (infância, juventude, maturidade e velhice).

15. Avental e o Colar

O Avental de Aprendiz é de pelica ou tecido branco, com a abeta levantada. Ele lembra o avental de couro usado pelos canteiros medievais – trabalhadores em cantaria, no esquadrejamento da pedra informe – para a proteção do corpo, durante o desbastamento da pedra bruta. Esses trabalhadores das organizações de ofício – hoje englobadas sob o rótulo de Maçonaria Operativa – usavam um avental que ia desde o pescoço até os joelhos, para proteção do tórax, do ventre e dos genitais.

Em qualquer Grau, o Avental é o símbolo do trabalho. No Primeiro Grau, contudo, é onde ele adquire o máximo significado, diante do trabalho simbolicamente atribuído ao Aprendiz. Ele é o verdadeiro Avental Maçônico, cuja cor branca simboliza a pureza. Só durante o século XVIII é que começaram a surgir os aventais com ornamentos distintivos de Graus e de cargos.

Existem, entretanto, importantes interpretações místicas do Avental do Primeiro Grau.

Uma delas, bastante difundida, acreditava-se, no início da era moderna, que a sede das emoções humanas era o epigástrio (boca do estômago), local do importante plexo solar; estando levantada a abeta do Avental, ela cobriria essa região, impedindo que as emoções do Aprendiz, ainda incontroladas, pudessem perturbar os trabalhos de Loja.

Outra versão vê duas partes no Avental: uma quadrada, formada pelo corpo da peça, e outra triangular, formada pela abeta levantada, correspondendo, tridimensionalmente, à Pedra Cúbica com ponta. Assim, o quadrado seria o símbolo da matéria, da obra realizada pelo obreiro, enquanto o triângulo seria a representação do espírito, atuando sobre a matéria para a concretização da obra. Outra interpretação, também nesse sentido, é a de que, no Aprendiz, ainda imperfeito, não há a integração do espírito com a matéria.

16. As Cores do Grau de Aprendiz

O **branco** simboliza a pureza, a luz, a vida, a santidade e a vitória. Os sacerdotes hebreus vestiam-se de branco por serem os servos de Deus Santo. O branco era a cor básica do véu que dividia o santuário. As vestes da salvação são brancas como a luz. Também há o branco luminoso da glória e da majestade. O branco é a cor das vestes dos remidos, que foram lavados no sangue do Cordeiro.

Entre os antigos, o **branco** era consagrado à morte, como símbolo da regeneração da alma. O branco é também uma das cores mais importantes do simbolismo maçônico, nas cerimônias e nos atributos da Ordem. Os neófitos são vestidos de branco, para simbolizar a candura com que se apresentam e daí serem chamados candidatos, como candidatos eram os que aspiravam à magistratura e a cargos públicos de Roma, dos quais a Esperança era a deusa, porque vestiam togas brancas. O **branco** é um símbolo do candor, de inocência e de pureza; e da mesma forma que ele é o produto de todas as cores, também representa o conjunto de todas as virtudes. Por isso é a cor das vestes papais e dos Maçons do Grau 33 do R∴E∴A∴A∴, pois significa que eles atingiram a paz e a serenidade do Iniciado e a plenitude da Iniciação, possuindo assim todas as virtudes que a cor branca representa.

O **branco** indica o intelecto, uma das faculdades da mente, bem como a espiritualidade. É também a cor da iluminação, do autoconhecimento, da sabedoria, da mente divina, da inocência e da pureza.

O **branco** é encontrado em todos os antigos Mistérios, nos quais constituía, como na Maçonaria, a investidura do candidato, tendo sempre e em toda parte o mesmo significado, como símbolo de pureza e inocência.

A cor **Azul** simboliza infinito, eternidade, verdade, devoção, fé, pureza, castidade, vida espiritual e intelectual – a cor do céu. É o mais sereno, neutro e menos material de todos os matizes. O azul está ligado à misericórdia na tradição hebraica e à sabedoria no Budismo. Nas tradições populares, representa fidelidade, na Europa a erudição, e união feliz, em partes da China.

O **azul** é a cor do pensamento elevado, sendo símbolo da verdade, da lealdade e da serenidade. Simboliza, também, a amizade, a fidelidade, a doçura, a sabedoria e a lealdade.

O **azul** é uma cor suave, que induz à calma, à tranquilidade, à ternura, à afetuosidade, à paz e à segurança. Favorece as atividades intelectuais e a meditação. É uma cor passiva, concêntrica, perceptiva, sensível e unificadora.

A contemplação do azul determina a profundidade, sentimento de comunhão no infinito, sensação de leveza e felicidade. É a cor preferida das pessoas calmas, seguras, equilibradas e leais. O azul estimula na personalidade a doçura, o equilíbrio, a sensatez e a ternura. É a cor da compaixão, da paz de espírito, da ética, da integridade e da confiança.

Essa cor é da paz de espírito, da tranquilidade e da calma. Os tons mais claros são indicadores de uma imaginação geradora e de grande capacidade intuitiva. O **azul-celeste** é o azul-claro, semelhante à cor do céu quando está sereno. O azul é a cor do céu, foi adotado como uma das cores da Maçonaria Simbólica, sendo a outra o branco. Representa a amizade, a fidelidade, a doçura, a sabedoria, o aço, a piedade, a temperança, o equilíbrio, a lealdade e, também, a recompensa e a perfeição infinita de Deus (cor do céu). Por isso esta cor é consagrada a Deus, sendo o indício da magnanimidade, e prontidão de emulação para tudo o que for justo. É a cor celeste que caracteriza as Lojas Simbólicas e os Maçons dos três primeiros Graus.

O **verde** é a cor do reino vegetal, sobretudo, da primavera em brotação; cor da água, da vida, do frescor, cor intermediária entre o vermelho do fogo e o azul do céu. Frequentemente, o verde era o oposto, mas às vezes também (como cor da vida) substituto do vermelho. Como cor da renovação anual da natureza, o verde é, além disso, a cor da esperança, de longa vida e de imortalidade. O **verde** é a cor da natureza, da criação, do renascimento e também da vida. O seu simbolismo é vastíssimo. Nas virtudes teologais é o símbolo da esperança, mas é também o símbolo da revelação, do amor feliz, da alegria, da prosperidade. Em sentido negativo, é a degradação moral, e simboliza o desespero e a loucura. O verde é uma cor apaziguante, tranquilizadora, por isso pode simbolizar submissão.

Paul Naudon escreve que o **verde** é a cor atribuída à luz e, por extensão, à iniciação.

Tradicionalmente, seu simbolismo espiritual era mais importante no mundo islâmico, onde era a cor sagrada do Profeta e da divina providência; e na China, onde o jade verde simbolizava perfeição, imortalidade ou longevidade, força e poderes mágicos – cor associada particularmente à dinastia Ming.

Segundo Paul Naudon, "nos contos populares, verde era a cor das fadas e estas se aborreciam com aqueles que dela se enfeitavam, ao que se diz; daí talvez viesse a crença de alguns de que a cor verde traz azar".

Vários Graus, na Maçonaria, utilizam o simbolismo da cor **verde**. O Grau de Mestre Maçom, por exemplo, considera o verde um emblema da imortalidade, ideia que foi sempre transmitida nos Antigos Mistérios, nos quais simbolizava o nascimento do mundo, e a criação moral ou a ressurreição do iniciado. Essa ideia encontra a sua semelhança na acácia, que é o emblema de uma nova criação do corpo e uma ressurreição moral e física. Para os druidas, o verde era um símbolo da esperança e, para o Maçom, essa cor se tornou a esperança da imortalidade.

De acordo com Mackey, no Grau de Mestre Perfeito, o **verde** é símbolo da ressurreição moral do candidato, ensinando-lhe que morrendo para o vício poderá esperar reviver na virtude.

Assim, o **verde** simboliza o verdor, o vigor, a prosperidade, o desabrochar das flores. É a cor da vida natural. Tudo quanto cresce é simbolizado por essa cor, indicando vigor e vitalidade. A esperança – os pastos verdejantes pelos quais aguardamos, mas que ainda não obtivemos, pode ser simbolizada por essa cor. Contudo, o verde também pode simbolizar a inexperiência e a simplicidade, a necessidade de maior desenvolvimento.

O **Verde** é uma das cores usadas na decoração maçônica, principalmente nos altos Graus. Representa em geral a esperança e particularmente a regeneração. Simboliza também o elemento água e simboliza o mar, a atividade e a franqueza.

O **Negro** é a cor do luto, o preto está associado com a dor resignada. Como cor da noite, participa do complexo simbólico mãe-fertilidade-mistério-morte.

O **negro** é a negação da luz, é o obscurecimento da vida elevada do homem. É o período que antecede a regeneração. O **negro** é a ignorância e o erro.

O **preto** é a ausência de toda a luz e de todo o calor. Representa, também, a ausência de toda alegria. É indício da pena, de solidão, de circunspecção, de tristeza e de morte. É a cor da desgraça e da perdição.

O negro é a cor oposta ao branco, sendo vinculada à lamentação, à morte, às aflições e às calamidades. Pode indicar a humilhação ou um presságio de mal vindouro.

O negro representa a morte. Também estão em foco a depressão e as premonições. As coisas que são obscuras, misteriosas, nebulosas são simbolizadas pela cor negra.

Na Maçonaria, quando é usado em circunstâncias trágicas da história, ele é sempre um símbolo de zelo e fervor.

No simbolismo dos Graus, esta cor é o emblema da destruição e de morte. É a cor da tristeza, sendo usada nas cerimônias fúnebres maçônicas.

O **Amarelo** é uma cor que contribui para a felicidade. É uma cor brilhante, alegre, que simboliza o luxo. É, portanto, o poder de discernir e discriminar a memória e as ideias claras, o poder de decisão e capacidade de julgar.

O amarelo é a otimista cor nupcial da juventude, virgindade, felicidade e fertilidade.

Não obstante, o **amarelo** é geralmente considerado a cor do mundo transcendente, que se torna claro à inteligência humana, sendo a cor da revelação, iluminando o espírito humano em trevas.

Nas virtudes teologais, essa cor simboliza a fé e, nas virtudes mundanas, significa generosidade do coração, inspiração feliz e bom conselho. Na ordem dos vícios, ela simboliza o egoísmo orgulhoso, e o amarelo pálido, a decepção e a traição. É por isso que, nos vitrais das igrejas, Judas é representado com vestes de amarelo pálido. O amarelo também é a cor da luz, do ouro e da intuição.

O amarelo traz felicidade, alegria, inteligência, inovação, energia, sol, fortaleza e poder.

O **vermelho** é o símbolo do fogo (que vem do céu), sendo um sinal de afeição, de criação, de caridade, de entusiasmo pela filantropia, que deve inflamar o coração do Maçom. Significa também zelo e fervor.

O **vermelho** é a cor simbólica do fogo regenerador. É a cor de sangue e símbolo da vida. Simboliza atividade, combatividade, ardor, choque, sendo o símbolo da paixão imperiosa, do sentimento forte.

Durante a Idade Média, principalmente na época das Cruzadas, os cavaleiros, essencialmente os Templários, usavam uma cruz vermelha como um símbolo de sua disposição em enfrentar o martírio pela causa da religião.

O vermelho é a cor do fogo e, como tal, simboliza a vida. Mas também é a cor do sangue, em cujo caso simboliza o sofrimento, o homicídio, o julgamento divino mediante a matança. O sangue, o fogo, o vinho, as emoções fortes, excitação sexual e a ira são coisas comumente simbolizadas pela cor vermelha.

17. Símbolos do Grau

Os símbolos do Grau estão todos descritos nos textos discorridos anteriormente. Não há necessidade de alusão a nenhum deles novamente.

18. As Palavras e os Números

Palavras

ABATER COLUNAS

Na Maçonaria, diz-se "abater colunas" no sentido de suspender os trabalhos, fechar ou dissolver temporária ou definitivamente uma Loja.

ABÓBADA

Parte da arquitetura que aparece muitas vezes nas construções e cerimônias da Maçonaria. Lembra os edifícios da Antiguidade e, principalmente, o Templo de Salomão.

ABÓBADA DE AÇO

É formada pelos Irmãos em duas filas, os quais cruzam as espadas, de forma que pessoas passem debaixo delas, dispensando uma honra maçônica.

ALFAIAS

Chamam-se assim todos os paramentos usados em Ritos e cerimônias, os quais representam dignidades, funções e preceitos.

ALTAR

Mesa posta de um modo simbólico, usada em quase todas as cerimônias da Maçonaria, normalmente é colocada diante do Altar do Venerável ou Presidente de uma Loja. Também é a mesa pequena, triangular ou retangular colocada em frente ao assento dos Oficiais.

ARTE REAL

Título dado à Maçonaria para comemorar o apoio que lhe deram os monarcas antigos nas corporações dos franco-Maçons, das quais se acredita que nasceu a Ordem.

AUMENTO DE SALÁRIO

É denominado assim o aumento de Grau, ou seja, a ascensão de um Grau inferior para o superior imediato. Todo Maçom suficientemente instruído em seu Grau, e tendo cumprido o tempo regulamentar, pode solicitar seu aumento de salário. Os rituais prescrevem as condições que os Candidatos deveriam reunir, como também as cerimônias da Iniciação, prescritas nos Regulamentos gerais de cada Potência ou jurisdição, que devem ser comunicadas de todos os aumentos de Graus.

AVENTAL

Um dos símbolos mais importantes na Maçonaria. Em geral, é o emblema do trabalho. A forma e as cores variam nos diversos Graus. O Avental é a única característica distintiva que dá direito ao Maçom de entrar nos Templos e participar das Sessões, sendo seu uso indispensável para todos os Irmãos, até dos Graus e dos cargos mais distintivos; o Avental é o verdadeiro traje maçônico.

BALANDRAU

Espécie de beca com mangas, o balandrau é fechado até o pescoço, sendo confeccionado de tecido preto que pode variar de acordo com o clima. O balandrau é usado por certas irmandades em atos religiosos, tendo sido adotado como vestuário pelos Irmãos de várias Lojas do Brasil.

O uso do balandrau é uma peculiaridade da Maçonaria brasileira, pois nenhum autor ou dicionarista maçônico, fora do Brasil, refere-se a ele como indumentária maçônica.

BALAÚSTRE

No vocabulário peculiar maçônico, é a denominação da Ata da Sessão.

BATERIA

Manifestação que acontece durante os trabalhos das Lojas maçônicas. É feita para expressar júbilo ou dor, de acordo com as circunstâncias. Há Bateria de várias espécies: de alegria, do Grau, incessante, de luto e tríplice.

BOOZ

Bisavô de Davi. No hebraico, significa felicidade ou rapidez. É nome de uma pessoa e de um detalhe arquitetônico do Templo de Salomão. A pronúncia correta é Boaz. Booz é apenas a herança de uma característica fonética do idioma grego, que herdamos por intermédio da *Vulgata*.

1. Um rico belemita e parente próximo do marido falecido da moabita Rute, com quem finalmente se casou, sob a obrigação do casamento levirato, que ele cumpria voluntariamente, em cerca de 1360 a.C. A conduta digna de Boaz, sua sensibilidade e seu espírito bondoso, sua piedade e suas boas maneiras são pontos ressaltados na Bíblia, oferecendo-nos uma boa ideia de como seriam as pessoas pertencentes à classe alta de Israel. Do matrimônio nasceu Obede, que foi pai de Jessé, que foi pai de Davi. Portanto, Booz foi um ancestral direto de Jesus.

2. Nome de uma das colunas de bronze postas por Salomão diante do Templo de Jerusalém. Aquela que ficava no lado norte era chamada Boaz; e a que ficava no lado sul, chamava-se Jaquim. Eram adornadas com capitéis representando lírios. Ambas se erguem na entrada dos Templos maçônicos.

CÂMARA
Nome que geralmente é dado às Lojas maçônicas nos Graus Filosóficos e administrativos, e que diferem de acordo com os Graus e Ritos.

COBRIR O TEMPLO
Expressão significando fechar o Templo ou retirar um Maçom da Loja em plena Sessão, por qualquer motivo grave e inadiável. O Maçom que deseja cobrir o Templo, depois de obter permissão, deverá depositar, ao chegar entre Colunas, a sua contribuição no Tronco de Beneficência.

COLUNAS
Decorações das Lojas maçônicas que variam em forma e significação, de acordo com os Graus e Ritos. Em Loja, são denominadas Colunas cada um dos lados em que se sentam os Obreiros ao Norte e ao Sul da Loja.

COLUNA GRAVADA
Chama-se desta forma uma proposta ou uma carta depositada na Bolsa de Propostas e informações.

CORDA DE 81 NÓS
A Corda é um símbolo maçônico que se apresenta sob várias formas; se com a Corda são feitos sete nós, estes representam as ciências ou as artes liberais; em número de 12, representam as casas do zodíaco; em número de 81 nós, representam a união fraternal.

Todos os Templos maçônicos possuem entre o teto e a parede, como ornamento, uma Corda que circunda todo o Templo, e as suas extremidades são colocadas na porta de entrada, uma de cada lado. Essa Corda possui 81 nós, múltiplo de nove, número simbólico por excelência. As extremidades da Corda terminam com uma borla.

Essa Corda tem a finalidade de "absorver" as vibrações negativas que possam existir dentro do Templo; absorvidas, são transformadas em energia positiva e devolvida aos Maçons que se encontram no Templo.

DECORAR AS COLUNAS

Diz-se do ato em que os assistentes das Oficinas ocupam os seus lugares respectivos para os trabalhos ou reuniões maçônicas. Assim, quando os Vigilantes se referem aos Obreiros que tomam assento nas Colunas de ambos os lados da Loja, dizem que os Irmãos decoram as Colunas do Norte e do Sul.

ELEVAÇÃO DE GRAU

A passagem de um Grau a outro tem a denominação genérica de Elevação. Essas cerimônias têm outras designações, como: passagem, exaltação, iniciação, eleição, nomeação, investidura e consagração.

ESCADA

A escada tem servido de símbolo ou alegoria a muitos povos. Na Maçonaria, a escada aparece como um dos principais emblemas, simbolizando as relações invisíveis e incessantes que existem entre o céu e a terra. A escada simbólica figura em muitos Graus Filosóficos da Maçonaria recebendo, em cada um deles, as interpretações mais adequadas às diferentes doutrinas ou tendências que os formam.

ESCUDO

Arma defensiva que figura entre os símbolos da Ordem como emblema da inviolabilidade e da prudência.

ESPADA

A espada é um dos acessórios mais usados nas cerimônias maçônicas. No seu aspecto mais vulgar, é a arma da vigilância por meio da qual o iniciado procura defender os nossos augustos mistérios de toda intromissão violenta do mundo profano. A espada além de simbolizar a Honra e o Valor, é a insígnia do poder e do mando, por isso, cada Irmão deve possuir a sua durante as cerimônias das Lojas.

HUZZÉ

Exclamação de alegria entre os Maçons do R∴E∴A∴A∴, cuja origem é considerada obscura. Albert Lantoine diz que a palavra huzza (Huzzé!) é simplesmente sinônimo de hurrah! Existe mesmo na língua inglesa o verbo *to huzza*, que significa "aclamar". A bateria de alegria era sempre feita em honra a um acontecimento feliz para uma Loja ou para um Irmão. Era natural que os Maçons escoceses usassem essa aclamação.

INDUMENTÁRIA

A verdadeira insígnia do Maçom, o Avental, é de cor branca, de pele de carneiro ou tecido que a substitua, quadrangular, com 35 cm de altura e 40 cm de largura, com abeta triangular, preso à cintura por um cordão ou fita de cor da orla. Tem a seguinte característica: todo branco, para o Aprendiz. O Aprendiz deve conservar a abeta de seu Avental sempre levantada.

Nas Sessões, todos os Obreiros deverão usar seus Aventais e demais paramentos dos Graus Simbólicos.

Nas Sessões Magnas, é exigido o traje a rigor ou o social completo – de cor escura –, com gravata preta e luvas brancas. Para as demais Sessões é permitido o uso de traje social comum, de cor escura, obrigatoriamente com paletó e gravata.

O uso de balandrau poderá ser tolerado, todavia, somente nas Sessões ordinárias e extraordinárias. Deve ser de cor preta, com o comprimento abaixo dos joelhos, mangas largas e compridas. O colarinho deverá estar sempre fechado. Não pode, em hipótese nenhuma, conter quaisquer inscrições, distintivos ou emblemas.

É obrigatório o uso de sapatos, salvo impedimento por saúde.

IOD

Décima letra do alfabeto hebraico que se pronuncia como vogal (Iod) e como consoante (Jod). É a inicial do nome IEVE ou IHVH, que nos Templos maçônicos brilha na Estrela Flamígera, no meio de uma glória resplandecente. No alfabeto hebraico, o IOD era considerado a letra principiante e universal, geradora de todas as outras. De fato, todas as letras hebraicas são formadas de pequenos iod dispostos de modo diferente. O iod hebraico representa o princípio ativo e masculino, causa-agente da Vida na Divindade Suprema.

JOIA

A joia maçônica tem duplo sentido. É um ornamento que indica a função de quem o usa dentro da administração. Comumente a joia é colocada em uma fita ou colar e pendurada ao pescoço.

A Loja possui as suas joias específicas que são divididas em dois grupos: móveis e fixas.

As joias móveis não têm localização fixa e são: a Pedra Bruta, a Pedra Polida e a Prancheta. São consideradas joias porque dão alegria ao trabalhador, ao operário, ao Maçom, já que são empregadas para a construção do grande Templo espiritual.

As joias fixas são: o Esquadro, o Nível e o Prumo. São fixas porque ornam como joias específicas a pessoa que ocupa cargos, como o Venerável Mestre, com o Esquadro; o 1º Vigilante, com o Nível; e o 2º Vigilante, com o Prumo. São colocadas nos colares e ornam os tronos.

LENDA

Tradição oral ou narrativa escrita de ações praticadas por santos ou por heróis, segundo a fantasia popular. A Maçonaria baseia nela todo o simbolismo de seus Graus. A lenda pode ser criada por um espírito místico ou poético em comunhão com as massas populares; mas é, na maioria das vezes, a própria eclosão da imaginação inconsciente dessas massas. A Maçonaria fundamenta seus ensinamentos em lendas e alegorias.

LOJA

Esse nome é derivado das antigas corporações de construtores da Idade Média, que erguiam as soberbas catedrais e ainda hoje causam admiração no mundo. Os membros dessas corporações se reuniam em uma pequena casa chamada Loja. Na Maçonaria Moderna, esse nome é dado ao lugar onde trabalham os membros da Ordem e também todas as assembleias ou sociedade, devidamente organizadas, em que os Maçons se reúnem.

LOWTON

Dá-se este nome ao filho de um Maçom, adotado por uma Loja, de acordo com o Ritual especial, em cerimônia vulgarmente chamada Batismo e que os Maçons denominam Adoção de Lowton.

Os lowtons, ao serem adotados por uma Loja, adquirem certos direitos. Têm direito a assistência e proteção maçônica, de serem iniciados aos 18 anos, desde que o consinta o pai ou o tutor, satisfazendo-se as condições da lei.

LUZES
As luzes materiais são usadas em Maçonaria para iluminar as Lojas. Seu número e disposições variam de acordo com os Ritos e Graus, e na linguagem maçônica elas têm o nome de estrelas.

MAR DE BRONZE
Nome que se dá, em Maçonaria, a um recipiente onde se conserva a água para as purificações litúrgicas e em que o Candidato, no dia de sua iniciação, é purificado pela água.

METAIS
Nome que se dá, em Maçonaria, ao dinheiro e a outros objetos em poder dos Candidatos à iniciação, ao dinheiro em geral e aos capitais da Oficina.

OBEDIÊNCIA
Dever dos Irmãos para com as autoridades maçônicas, e das Lojas para com as autoridades superiores.

ÓBULO
Dá-se esse termo de óbulo ou dinheiro da viúva à quantidade depositada no Tronco ou Bolsa de Beneficência nos trabalhos das Lojas e às contribuições feitas aos necessitados, Maçons ou não.

OBREIRO
A Maçonaria consagra e recomenda o trabalho a seus membros como o primeiro de seus deveres, por isso se distinguem com o nome genérico de Obreiros.

OCIDENTE
É o lado da Loja pelo qual se entra no Templo. Os Templos maçônicos têm a forma de um quadrilongo, cujo comprimento é, simbolicamente, do Oriente ao Ocidente, indo em direção à luz e à sabedoria que se encontra no Oriente.

OFICIAIS
Chamam-se Oficiais das Lojas os que seguem em dignidade as luzes das Lojas. Cada Oficial tem o título de suas funções, que é o mesmo nos Grandes Orientes ou Grandes Lojas. As Lojas são dirigidas individualmente por Oficiais eleitos entre os membros por maioria absoluta de votos e em escrutínio secreto.

ORDEM
Denominação de Origem francesa dada à Maçonaria Universal, à Instituição Maçônica. Também se diz "estar à ordem" ou "sinal de ordem", referindo-se a certos sinais de reconhecimento que existem para cada Grau e cada Rito.

ORIENTE

Dá-se o nome de Oriente ao lugar onde o sol parece levantar-se e do qual, cada manhã, parece nascer a luz e, assim, muito naturalmente, este ponto cardeal devia tornar-se o símbolo do ideal e da divindade, por isso, desfrutar de um sentido particularmente sagrado. O Oriente na Loja está separado do Templo por uma balaustrada, normalmente apartado por três degraus. Chama-se, também, Oriente, nas Lojas maçônicas, ao lugar onde senta o Venerável e no qual, no Templo de Salomão, se encontrava o Sanctum Sanctorum, situado frente à porta de entrada ou Ocidente.

PAGAMENTO DE SALÁRIO

Na linguagem simbólica da Maçonaria, os Vigilantes têm por missão, em suas respectivas colunas, pagar os Obreiros, despedindo-os contentes e satisfeitos. A palavra pagar é sinônimo de ensinar, satisfazer, fazer justiça. A única maneira de recompensar os Aprendizes ou Companheiros é ajudá-los a fazer jus a um aumento de salário.

PALAVRA

A palavra é um dos meios adotados em tempos imemoriais para os iniciados reconhecerem-se. Cada Grau tem sua palavra de reconhecimento. As palavras quase sempre vão acompanhadas de sinais e toques especiais para cada um dos Graus, e eles só são inteligíveis para o verdadeiro iniciado.

PALAVRA DE PASSE

É a que se pronuncia ao dar-se os toques e os sinais de reconhecimento em todos os Graus. É a única que pode autorizar a entrada nos Templos maçônicos, sendo preciso, além disso, para tomar parte nos trabalhos maçônicos, possuir as condições necessárias para dar a palavra.

PALAVRA SAGRADA

Cada Grau tem uma Palavra Sagrada, que é dada junto ao toque, para poder participar nos trabalhos do Grau. Essa palavra, como a de passe, é indispensável, uma vez que você não pode penetrar no Templo sem sabê-la.

PALAVRA SEMESTRAL

Essa palavra serve para abonar a atividade entre os Maçons da mesma Obediência. É mandada pelas Potências Soberanas, em certos países, às Lojas Jurisdicionadas que estiverem em dia com as suas obrigações, de seis em seis meses, e a qual as Lojas comunicam aos Obreiros do Quadro como prova de sua regularidade.

PEÇA DE ARQUITETURA
Assim são chamados os trabalhos literários maçônicos.
PLACET
Documento passado por uma Loja em favor de um Maçom, no qual é declarado haver ele se desligado do Quadro; título de desligamento que pode ser exigido por qualquer Maçom e sem o qual não é lícito ser efetuada a sua filiação por uma Loja. Dá-se também a esse documento a denominação de *quite placet*.

A autorização para a iniciação de profano chama-se placet de iniciação; para a elevação do Aprendiz, placet de elevação; e para Mestre, placet de exaltação.

PRANCHA
Nome simbólico dos documentos maçônicos, mas especialmente das correspondências das Lojas.

PROFANO
Em Maçonaria, é chamado profano todo aquele que não foi iniciado nos mistérios da Ordem. Os membros têm obrigação de manter reserva no trato com os profanos, embora devam sempre evitar que eles tenham preconceitos sobre a Instituição.

RITO
Palavra de origem latina, significando *ritus* um uso ou costume aprovado ou uma observância externa. A origem dos ritos é difícil de se estabelecer, porque existem numerosas e contraditórias opiniões cuja confirmação é praticamente impossível.

A sociedade primitiva estabeleceu os ritos de passagem material de um lugar para outro. A passagem social de um grupo para outro: a gravidez e o parto, o nascimento, a iniciação da criança púbere, o noivado, o casamento, os funerais, etc. Esses ritos eram meramente sociais e não religiosos, mas a religião não demorou em colocá-los sob o seu controle. Em geral, dá-se o nome de rito às cerimônias de uma religião, às formas e aos usos da liturgia, e também à maneira como se praticam e à ordem prescrita para esta ou aquela cerimônia do culto, para distinguir um rito do outro.

RITUAL
Em Maçonaria, denominam-se assim os livros que contêm instruções, fórmulas e informações necessárias para a prática uniforme e regular dos trabalhos maçônicos em geral, como também para as cerimônias de iniciação, festas e banquetes da Ordem, pompas fúnebres, etc.

SINAL

Um dos meios que os Maçons empregam para se reconhecerem e informar o Grau que possuem. A adoção dos sinais, como meio de reconhecimento e de comunicação entre si, remonta ao tempo em que foram instituídos os primeiros mistérios.

SOB MALHETE

Diz-se do assunto que fica para ser resolvido posteriormente, ou seja, cuja discussão é adiada.

TELHAMENTO

É o exame de alguém, em Toques, Sinais e Palavras, para verificar sua qualidade maçônica, ou se tem Grau suficiente para assistir a um trabalho maçônico em Grau superior ao de Aprendiz.

TEMPLO

Nome com que geralmente são designadas as Lojas e, muito particularmente, o Templo onde são efetuadas as reuniões.

TROLHAR

Significa passar a trolha. A trolha é uma espécie de pá retangular, na qual fica a argamassa de que o pedreiro vai se servindo. Depois da aplicação do material, ele usa a trolha para alisar a massa aplicada, aparando as arestas.

VELAS

A vela produz luz, consumindo-se; nesse simbolismo está o Maçom. Ignora-se quando a humanidade inventou a vela, pois a sua presença nos Templos é descrita em todas as civilizações.

A vela representa o princípio vital, pois o fogo e a luz são elementos indispensáveis à vida.

Não se apaga a vela com o sopro, descrito nas Sagradas Escrituras, paralelamente são mencionados os apagadores para cortar o pavio carbonizado, diminuindo assim a chama. Não é permitido o sopro para apagar a vela, porque Deus quando moldou o homem deu-lhe a vida por meio do sopro. O sopro é vida e não destruição. Não se pode apagar a vida da vela, senão lhe tirando o oxigênio que a alimenta por meio do apagador.

Números

Os números foram descritos anteriormente, na sétima instrução do Grau.

Bibliografia

ADOUM, J. *Grau do Aprendiz e Seus Mistérios*. São Paulo: Pensamento, s. d.
ASLAN, N. *Grande Dicionário Enciclopédico da Maçonaria e Simbologia*. Rio de Janeiro, Artenova, 1974.
A VERDADE: revista maçônica. Glesp.
BECKER, U. *Dicionário de Símbolos*. São Paulo: Paulus, s. d.
BÍBLIA SAGRADA. São Paulo: Paulinas, s. d.
BOUCHER, J. *A Simbólica Maçônica*. São Paulo: Pensamento, 1989.
CAMINO, R. da. *Simbolismo do Primeiro Grau*. São Paulo: Madras Editora, 2009.
_____. *Dicionário Maçônico*. São Paulo: Madras Editora, 2010.
CAPARELLI, D. *Enciclopédia Maçônica*. São Paulo: Madras Editora, 2000.
CASTELLINI, J. *Liturgia e Ritualística do Grau de Aprendiz Maçom*. Londrina: A Trolha, 1987.
_____. *Cartilha do Aprendiz*. Londrina: A Trolha, 1996.
CHAMPLIN, R. N.; BENTES, J. M. *Enciclopédia da Bíblia (Teologia e Filosofia)*. São Paulo: Candeia, 1995.
CIRLOT, J. E. *Dicionário de Símbolos*. São Paulo: Editora Moraes, 1984.
COUTO, S. P. *Dicionário Secreto da Maçonaria*. São Paulo: Universo dos Livros, 2006.
D'ELIA JR., R. *Maçonaria*: 100 Instruções de Aprendiz. São Paulo: Madras Editora, 2017.

DOUGLAS, J. D. *O Novo Dicionário da Bíblia*. São Paulo: Nova Vida, 2006.

FIGUEIREDO, J. G. *Dicionário de Maçonaria*. São Paulo: Pensamento, s. d.

GLESP. *Ritual do Simbolismo: Aprendiz Maçom*.

GUIMARÃES, J. F. *Aprendiz*: Conhecimentos Básicos da Maçonaria. São Paulo: Madras Editora, 2008.

LAVAGNINI, A. (Magister). *Manual de Aprendiz*. Buenos Aires: Kier, 1984.

RAGON, J. M. *Ritual do Aprendiz Maçom*. São Paulo: Pensamento, 1993.

AJUDA ao Entendimento da Bíblia. [*S. l.*]: Sociedade Torre de Vigia de Bíblias e Tratados, 1982.

TRESIDDER, J. *O Grande Livro dos Símbolos*. Rio de Janeiro: Ediouro, 2003.

VAROLI, T. F. *Curso de Maçonaria Simbólica*: 1º Grau. São Paulo: A Gazeta Maçônica, s. d.

ZANIAH. *Diccionario Esotérico*. Buenos Aires: Kier, 1987.